Keine Zeit
zum Älterwerden

Andreas Wirthensohn
Sonja Panthöfer

Keine Zeit zum Älterwerden

16 Porträts von aktiven Menschen

Mit Fotografien von
Peter von Felbert
und **Anne Eickenberg**

KNESEBECK

Inhalt

Annemarie Dose ist empört und belustigt zugleich. Sie ist inzwischen einiges gewohnt an Versuchen eifriger Journalisten, ihr Alter und ihre Aktivität sprachlich auf den Begriff zu bringen. Eine renommierte Wochenzeitung hat die Begründerin der Hamburger Tafel einmal mit dem leidlich abgegriffenen Etikett der »rüstigen Rentnerin« belegt. Aber dass ein vielzitiertes Nachrichtenmagazin sie eine »patente Greisin« nennt, das will die 80-Jährige nun wirklich nicht auf sich sitzen lassen. »Eberhard«, ruft sie lachend und mit gespielter Kampfeslust einem ihrer Mitarbeiter zu, »die Dame, die das geschrieben hat, kaufen wir uns!«

Wer über Menschen im fortgeschrittenen Alter schreibt, stößt bereits auf linguistischer Ebene auf Schwierigkeiten. Wann ist jemand »älter«, wann »alt« – und wie politisch korrekt sind diese Adjektive überhaupt noch? Darf man noch »Altenheim« sagen, oder ist nur die »Seniorenresidenz« erlaubt? Zwar stehen jede Menge neumodischer Begriffe zur Verfügung: »Best Ager«, »Silver Ager«, »Generation Gold« oder »Woopies« (von dem englischen »well-off older people«). Aber so richtig brauchbar sind sie allesamt nicht. Diese sprachliche Unsicherheit führt mitunter zu höchst seltsamen Volten. Als jüngst ein älterer Älterer einen jüngeren Älteren im Streit tötete, titelte eine Zeitung allen Ernstes: »Greis erschlägt Rentner.« Da ist es beruhigend zu wissen, dass – so die Erfahrung aus unseren Gesprächen – den Betroffenen dieser Tanz um Begrifflichkeiten herzlich egal ist. Die Schriftstellerin Ingrid Noll konstatierte ausdrücklich: »Ich bin 73 Jahre alt. Dazu stehe ich, und das darf auch jeder sehen.«

Auf den ersten Blick haben die 16 Menschen, die wir in diesem Buch porträtieren, außer einem gewissen fortgeschrittenen Alter nicht viel gemeinsam. Die Älteste, Lieselotte Thomas, ist 1916 geboren, also noch zu Zeiten des deutschen Kaiserreichs, die Jüngste, Mistress Petra, 1944, kurz vor der Befreiung vom Nationalsozialismus. Sicher, sie alle sind – mal mehr, mal weniger bewusst – von Krieg und Nachkriegszeit geprägt. Davon abgesehen ist es aber bemerkenswert, wie viele Möglichkeiten es gibt, das Leben jenseits der 65 zu gestalten. Anders als früher scheint es heutzutage keine verbindlichen Altersrollen mehr zu geben. Einige der Porträtierten sind weiter-

hin beruflich aktiv, sei es, weil sie auch künftig Geld verdienen müssen, sei es, weil sie einfach Spaß an ihrem alten oder einem ganz neuen Beruf haben. Andere frönen ihren Leidenschaften und Hobbys, für die sie früher keine Zeit hatten. Wieder andere engagieren sich ehrenamtlich in Vereinen, in der Kirche oder in gemeinnützigen Organisationen. Nicht wenige stellen sich schließlich als Großeltern bereitwillig in den Dienst der Familie. Das Wichtigste ist jedoch: Diese verschiedenen Lebensformen schließen einander nicht aus. Ja, man könnte sogar sagen: Das Alter erweist sich als die Lebensphase gelebter Rollenvielfalt, insbesondere wenn die Notwendigkeit entfällt, sich den Lebensunterhalt noch aktiv verdienen zu müssen.

Wenn diese 16 ganz unterschiedlichen Menschen etwas gemeinsam haben, dann eines: Sie sind Vorbilder – nicht in dem Sinne, dass sie ein »ideales« Leben führen, in dem das Alter sich nicht bemerkbar macht und ewige Jugend waltet. Sondern als Persönlichkeiten, die jeweils auf ganz eigene Art ihr Alter aktiv gestalten. Die nachfolgenden Porträts wollen deshalb ausdrücklich Mut machen, das Älterwerden als Chance zu begreifen, nicht als Last oder gar Schrecken. Für Giuseppina Ehmann wäre es eher ein Schrecken, nicht aktiv zu sein: Sie nahm gegen zahlreiche Widerstände Neues in Angriff und gründete ihr eigenes Geschäft. Gerhard Görlitz stellt als Gartenbau-Experte ehrenamtlich sein Wissen zur Verfügung, ob nun in China oder in Weißrussland. Auch Elisabeth Naumann treibt die Wissenschaft um: Sie verwirklichte ihren langgehegten Herzenswunsch und begann ein Studium, das sie, fast 80-jährig, mit der Promotion abschloss. Dankmar Scheuchl fuhr 40 Jahre nach einem ersten, gescheiterten Versuch endlich mit dem Motorrad um die Welt. Ihr altes Leben hinter sich ließ Mistress Petra, die seit einigen Jahren als Domina arbeitet – sie erfand sich völlig neu. Und Annemarie Dose, Gisela Schürmann oder Ingeborg Mootz zeigen, dass der Tod des Partners oder eine schwere Krankheit nicht in die Resignation führen müssen, sondern schöpferisch-produktiv verarbeitet werden können.

Eines ist unbestritten: Älterwerden ist Schicksal und Herausforderung zugleich. Gerade deshalb gilt es, die Vorzüge des Alters zu nutzen: das Erfahrungswissen eines

langen Lebens, die Beharrlichkeit, die man mühsam erlernt hat, und auch die Bescheidenheit, die einen so manche Niederlage gelehrt hat. Daraus resultiert eine Haltung, die man vielleicht salopp als »Alterscoolness« bezeichnen könnte. Cornelius Weiss bekommt mitunter von Jugendlichen zu hören, mit denen er diskutiert: »Der ist aber cool.« Und Christa Höhs ließ uns wissen: »Ich bin so froh, dass ich jetzt im Alter endlich keine Angst mehr haben muss.« Das Alter als Lebensphase der Furchtlosigkeit – gibt es eine schönere Vorstellung?

Vielleicht rührt der »Altersmut« aber auch daher, dass ältere Menschen anders mit dem Faktor »Zeit« umgehen. Mit dem stärker werdenden Bewusstsein für die Begrenztheit der eigenen Lebenszeit wird auch generell das Gut »Zeit« kostbarer. Umso dringlicher stellt sich die Frage, wie man angesichts der sich verkürzenden Lebensspanne leben will. Ältere Menschen nutzen deshalb einerseits ihre Zeit ökonomischer. Sie wollen sich immer weniger mit Dingen aufhalten, die ihnen unwichtig, unnütz oder redundant erscheinen. Nicht nur einmal haben wir bei unseren Gesprächen sinngemäß zu hören bekommen: »Für solche Kinkerlitzchen habe ich in meinem Alter keine Zeit mehr.« Zugleich wird der Umgang mit der Zeit aber auch souveräner. Die reiche Erfahrung vieler Lebensjahrzehnte sorgt für zunehmende Gelassenheit und ein wahrlich selbstbestimmtes Leben – jetzt erst, im Alter, wird Zeit wirklich zur eigenen Zeit, über die allein der oder die Einzelne bestimmt und nicht der Terminkalender des Berufs oder die Wünsche der Familie.

Nun ist Zeit auch für ganz andere, neue Erfahrungen. »Neugierig zu bleiben ist ein Lebenselixier«, sagt Edzard Reuter, und er spricht damit auch für die anderen 15. Das war die vielleicht erstaunlichste, am wenigsten zu erwartende Erfahrung für uns: diese ungeheure Neugier auf die Welt, auf Wissen und Veränderung. Keine Klage, früher sei alles besser gewesen, kein Lamentieren über den Verfall der Sitten. Stattdessen erlebten wir eine große Zuneigung zur Jugend, also zur Generation der Enkel. Wir merkten, dass das vielbeschworene lebenslange Lernen fast schon eine Selbstverständlichkeit ist. Und wir waren überrascht, wie viele der 16 trotz gewisser

Vorbehalte und mancher Anfangsschwierigkeiten über einen Internetanschluss verfügen. Diese Mischung aus altmodisch und up to date verkörpert wohl am schönsten Giuseppina Ehmann. Ihre Chocolaterie verfügt über eine eigene Website, auf der dann aber unter »Kontakt« statt einer E-Mail-Adresse nur eine Telefonnummer angegeben ist. Darunter steht der schöne Satz: »Wir telefonieren noch gerne.«

Vielleicht besteht die eigentliche Herausforderung des Älterwerdens tatsächlich in dem, was die Essayistin Silvia Bovenschen so formuliert: »Ich überlege, ob die Abwägung zwischen dem Altersgemäßen und dem Zeitgemäßen nicht die wahre Artistik des Alterns ist.« Älter zu werden, ohne sich der Welt zu entfremden, ohne sich zugleich aber in eine vermeintliche Jugendlichkeit zu flüchten, die bestenfalls bemüht, zumeist aber nur peinlich wirkt – darin besteht wohl in der Tat die Kunst des »geziemenden« Alterns. Auch in dieser Hinsicht können die hier vorgestellten Menschen als Vorbilder gelten.

Keine Zeit zum Älterwerden also? Im Gegenteil: Es ist eine gute Zeit zum Älterwerden. Doch auch in ihr gilt, was die amerikanische Schauspielerin Mae West einmal so formuliert hat: »Altern ist nichts für Schwachmütige.«

Wir danken allen, die sich bereit erklärt haben, sich von uns fotografisch und in Texten porträtieren zu lassen: für den Mut, aus der Privatheit ein Stück in die Öffentlichkeit zu treten, und für die Offenheit, mit der sie über Lust und Last des Alters und sogar über letzte Dinge gesprochen haben. Es war eine wundervolle Erfahrung für uns. Wir hoffen, dass diese Porträts den Leserinnen und Lesern Mut machen, das Älterwerden in die eigenen Hände zu nehmen. Denn dort ist es am besten aufgehoben.

16 Porträts

Christa Höhs
München

Eine Model-Agentur in München – beinahe automatisch drängt sich das Bild einer gediegenen Villa im feinen Bogenhausen oder eines Jugendstilaltbaus im schicken Schwabing auf. Stattdessen ein Firmenschild an einem unauffälligen Haus im ehemaligen Industrie- und Arbeiterviertel Sendling, gleich hinter der Großmarkthalle. SEN!OR MODELS ist darauf zu lesen, und fast könnte man das Ausrufezeichen für einen Schreibfehler halten. Aber schon bald ahnt man, dass es mehr ist als nur ein hübscher grafischer Einfall.

Zu Beginn dieser Geschichte stand durchaus ein Ausrufezeichen, allerdings eines der eher negativen Art. Christa Höhs war 53, als sie nach einem mehrjährigen USA-Aufenthalt voller Hoffnungen nach Deutschland zurückkehrte. Doch sie fand trotz intensiver Bemühungen keinen Job, sie fühlte sich »beiseite geschoben« und galt plötzlich als Seniorin, deren Alter offenbar »etwas Ansteckendes« an sich hatte. In der Stimme der heute 67-Jährigen klingt noch immer jene Empörung nach, die sie damals gespürt haben muss: »Ich kam mitten hinein in den schlimmsten Jugendlichkeitswahn«, und für sie war klar: »Das ist eine Krankheit unserer Gesellschaft; Generationen gehören zusammen, man kann doch nicht die eine Hälfte wegsperren.« Aus den USA war Christa Höhs anderes gewohnt.

Mit Ende 40 reiste sie mit einer Bekannten nach New York. Eigentlich wollte sie nur zwei Wochen lang die Weltstadt erleben. Doch dann wurde sie auf der Straße als Model entdeckt – und blieb. Zuvor hatte sie bereits jahrelang in einer Werbeagentur gearbeitet, sie hatte ein Fotostudio aufgebaut und war als selbstständige Unternehmensberaterin tätig gewesen. Ein paar Jahre lebte sie vom Modeln und saugte die Energie der Metropole in sich auf. Was in Deutschland zu diesem Zeitpunkt undenkbar gewesen wäre – in den USA war ein Senior-Segment in Agenturen längst selbstverständlich. Doch das Heimweh hatte sie nie ganz verlassen. Als sie schließlich ihre Koffer packte und nach Deutschland zurückkehrte, war sie nicht darauf vorbereitet, hier bereits »zum

Christa Höhs, geboren 1941 in Hamburg, wurde mit Ende 40 in New York als Model entdeckt. Sie gründete 1994 die weltweit erste Agentur für Senior-Models und kämpft seit Jahren in der Öffentlichkeit gegen den Jugendwahn in Deutschland.

alten Eisen« zu gehören. Christa Höhs schrieb mehr als 200 Bewerbungen – vergeblich. Als ein Bekannter von ihr dann die Idee hatte, eine Agentur für ältere Models zu gründen und ihr passende Räumlichkeiten zur Verfügung stellte, zögerte sie nicht eine Sekunde: »Das ist es. Das machen wir.« Kurz darauf saß Christa Höhs dann in ihrem ersten Büro, ausgerüstet mit wenig mehr als einem Tisch und einem Telefon.

SEN!OR MODELS war weltweit das erste Unternehmen, das der Werbeindustrie ausschließlich ältere Fotomodelle präsentierte. Anfangs waren die Models alle über 50 Jahre alt; inzwischen sind die jüngsten 30 und für die Haute Couture bereits zu alt. Die Älteste ist 93. So einfach und unprätentiös wie die Umgebung sind auch die Räumlichkeiten der Agentur ausgestattet. Tisch, Rechner, Regale – nichts wirkt überladen und will blenden. Das Wertvolle befindet sich in den Schubladen: Hunderte von Fotos der Models, die von der Agentur vertreten werden. Zwei Drittel sind Frauen, und besonders gefragt sind die 45- bis 65-Jährigen. Über 900 Namen führt Christa Höhs inzwischen in ihrer Kartei. Der demografische Wandel ist das Erfolgskonzept des Unternehmens: Deutschland wird älter, und zwar unaufhaltsam. Die Agenturchefin ist sich durchaus bewusst, dass sie eine Marktlücke gefunden hat – wenn auch nicht ganz freiwillig: »Ich habe diese Agentur gegründet, um nicht unter der Brücke

> »Generationen gehören zusammen, man kann doch nicht die eine Hälfte wegsperren«

schlafen zu müssen. Das war nackte Not«, sagt die gebürtige Hamburgerin. Zweifellos hat Christa Höhs das gefunden, was zu ihr passt. Aber sie sei schon immer »durch die Tür gegangen, die sich gerade geöffnet hat«. Ein Lächeln überzieht ihr Gesicht, als sie in ihrer direkten Art erklärt: »Wenn Sie das große Glück haben, Ihr Talent in einem Beruf ausleben zu können, dann haben Sie einfach ›Schwein gehabt‹. Ich war zum richtigen Zeitpunkt am richtigen Ort. Deswegen läuft es auch.«

Sie hat ihren Platz gefunden. Ihn einzunehmen war allerdings eine große Aufgabe, in die sie erst hineinwachsen musste. Denn nun ging es um Selbstständigkeit, um Entscheidungen und darum, sich Respekt zu verschaffen. Nun trug sie plötzlich Verantwortung – die sie mit der ihr eigenen Ernsthaftigkeit und Konsequenz auch angenommen hat. Empathie ist wichtig für Christa Höhs. Man nimmt ihr die Liebe zum Menschen ab, wenn sie mit ihrer klaren Stimme erzählt: »Ich knie mich in die Seele der Models, um herauszufinden, wie sie ticken.« Sie nimmt sich Zeit für die Entscheidung, wem sie welchen Auftrag zumuten kann.

Eigenlob kommt der Pionierin im Senior-Model-Business nur selten über die Lippen. Doch bei aller kritischen Distanz zu sich selbst – etwas gibt es dann doch,

»Ich bin so
dermaßen froh,
dass ich jetzt
endlich so leben
kann, wie ich
darf und möchte«

worauf sie stolz ist: »Ich habe das Bewusstsein für Ältere mit ange-
regt.« Sie stellte sich öffentlich und erfolgreich gegen den Jugendwahn. Als größte Hürde hat sie anfangs die Massenmedien und
deren Arroganz empfunden, denn für diese galten ältere Models als Exoten. Die
wollten »die süße vorlesende Omi, die im Schaukelstuhl sitzt und nicht älter als 60
ist«, sagt Christa Höhs und schüttelt den Kopf. Denn die kategorische Einteilung in alte
und junge Zielgruppe funktioniert nicht mehr. Eine neue Generation hat sich zwischen
die zweite und die dritte geschoben: 55- bis 70-Jährige, lebendig und fit, die genau
wissen, was sie wollen. Deren Lebensgefühl teilt auch sie: »Ich bin so dermaßen froh,
dass ich jetzt endlich so leben kann, wie ich darf und möchte.«

Diese Bevölkerungsgruppe ist nicht nur konsumfreudig. Sie ist auch finanzkräf-
tig, man will sich endlich etwas gönnen. Und die Werbeindustrie hat ihre Lektion
gelernt. »Viele Firmen haben inzwischen erkannt, wie wichtig es ist, dass sie ihre Kunden mit gleichaltrigen Models ansprechen«, hat Christa Höhs festgestellt. Und die
Nachfrage nach älteren Gesichtern ist enorm gestiegen. Während sie anfangs ihre
Models noch eher für Produkte wie Gebissreiniger, Rheumadecken und Venensalben
vermittelte, klopfen mittlerweile auch Autohersteller, Banken und Software-
Entwickler bei ihr an.

Die Initiative des Kosmetikartikel-Herstellers *Dove* für Frauen ab 50 bezeichnet
Christa Höhs als besonders gelungene Kampagne. Es sei »genial«, dass das Unternehmen Alternativen zu einem stereotypen Schönheitsideal sucht. Und »bahnbrechend
und mutig«, eine Produktserie »Pro-Age« zu nennen, statt weiter von »Anti-Aging«
zu sprechen. In Anzeigen, Fernsehspots und auf Plakaten zeigt *Dove* ältere, »normale«
Frauen, die sich spärlich bekleidet sehr selbstbewusst präsentieren. Allerdings
wurden die Damen von der Straße gecastet und nicht über die Agentur von Christa
Höhs. Aber das ist für sie zweitrangig: »Frauen sollten ihr Älterwerden nicht mehr
bekämpfen oder verheimlichen.«

Christa Höhs sitzt leger und zugleich schick gekleidet an ihrem Schreibtisch.
Klare Gesichtszüge, strahlend blaue Augen, elegante Frisur, dezentes Make-up – für
ihr Unternehmen ist sie selbst zweifellos die beste Werbung. Findet sie sich schön? Mit
einem Seufzer gesteht sie, dass sie es nie geschafft hat, sich als schön zu empfinden.
Zeitlebens musste sie mit dem Schatten ihrer Mutter
kämpfen, einer Schauspielerin, die »aussah wie
Greta Garbo«, aber ihrer Tochter nicht die Liebe geben
konnte, die diese gebraucht hätte. Das Selbstwert-

»Schönen älteren
Menschen sieht
man an, dass sie
sich um ihre Seele
gekümmert haben«

»Richtig Mensch zu werden, so dass man keine Ängste mehr hat, das macht ja das Menschsein aus«

gefühl musste Christa Höhs sich deshalb mühsam erarbeiten. Doch sie geht mit den Bedürfnissen ihrer Seele unverkrampft und offen um und hatte auch keine Scheu, bei Psychotherapeuten Rat zu suchen. Mit deren Hilfe erst entdeckte sie sich selbst. Seitdem fühlt sie sich »als Mensch«, während sie früher »existiert, aber nicht gelebt« habe.

Überhaupt: die Seele. Ein Begriff, der bei Christa Höhs immer wieder auftaucht. Die Seele, die dem Menschen Persönlichkeit verleiht. Dieser ganz eigene Resonanzraum aus Gefühl, Wahrnehmung und Charakter. Christa Höhs gibt sie Halt. »Richtig Mensch zu werden, so dass man keine Ängste mehr hat, das macht ja das Menschsein aus.« Dennoch gesteht sie freimütig ein, dass das Älterwerden auch für sie nicht einfach ist. Wichtig ist ihr dabei vor allem, authentisch zu bleiben. Letztlich ist es eine Frage des Selbstbewusstseins, ob man zu seinem Gesicht steht oder nicht. »Das Leben, das man gelebt hat, spiegelt sich im Gesicht. Schönen älteren Menschen sieht man an, dass sie sich um ihre Seele gekümmert haben.« Christa Höhs nimmt man das ohne weiteres ab.

Cornelius Weiss
Leipzig

Als Cornelius Weiss 2004 auf den Wahlplakaten sein Konterfei zu Gesicht bekam, fiel er aus allen Wolken. »Ich habe mich kaum erkannt.« Die Falten waren glattgebügelt, die Ohren verkleinert, ein Muttermal wegretuschiert. »Ich sah 15 Jahre jünger aus«, ruft er – keineswegs stolz, sondern empört. »Dabei hatte ich den Leuten in der SPD-Parteizentrale gesagt: Bitte nicht. Ich bin nicht schön und will auch nicht wegen meines Aussehens gewählt werden.«

Nun ja, er wurde wieder in den sächsischen Landtag gewählt, auch wenn seine Partei weniger als zehn Prozent der Stimmen erhielt und nur noch knapp vor der NPD landete. Doch Cornelius Weiss ist seither wichtiger denn je. Denn als Alterspräsident des Landesparlaments verfügt er über eine Gestaltungskraft, die keineswegs nur moralischer Natur ist. Schon seine erste Eröffnungsrede 1999 nutzte er für grundsätzliche Ausführungen zur parlamentarischen Arbeit. Und seit die Rechtsextremisten im Parlament sitzen, sorgt er für den Schulterschluss der demokratischen Fraktionen, die zunächst eher panisch reagiert hatten. Ihm geht es darum, die Rechtsextremen, die ihn gelegentlich schon mal als »alten Juden« bezeichnen, inhaltlich bloßzustellen, ihre Hetzparolen und Hasstiraden nicht widerspruchslos hinzunehmen.

Besonders eindrucksvoll gelang ihm das im Januar 2005. Der 60. Jahrestag der alliierten Bombenangriffe auf Dresden stand bevor, und die NPD hatte eine aktuelle Stunde beantragt, um das Gedenken für eigene Zwecke zu instrumentalisieren. Sie forderte eine Stiftung für die »Opfer des Luftkriegs«, und ihr Redner Holger Apfel verstieg sich sogar dazu, vom »Bomben-Holocaust« zu schwafeln. Cornelius Weiss ergriff daraufhin das Wort und hielt eine brillante Rede, die ihn weit über die Grenzen Sachsens hinaus bekannt machte. Und die vielleicht nur jemand halten konnte, der im selben Jahr geboren wurde, da der Nationalsozialismus in Deutschland die Macht an sich riss. Seitdem gilt er als »Mahner gegen rechts«. Er gesteht, dass ihm dieses Etikett durchaus gefällt. Und wer wäre als Zeitzeuge besser geeignet als ein

Cornelius Weiss, geboren 1933 in Berlin, lehrte ab 1964 Theoretische Chemie an der Universität Leipzig, 1991-1997 war er dort Rektor. Seit 1999 sitzt er für die SPD im Sächsischen Landtag, ab 2004 war er drei Jahre Fraktionsvorsitzender. Bei den Landtagswahlen 2009 wird er nicht mehr kandidieren.

Mann mit so viel Geschichtserfahrung wie Cornelius Weiss? Seine Eltern waren »religiöse Sozialisten und an bescheidener Stelle im Widerstand gegen den Nationalsozialismus«. Die Familie nahm wiederholt jüdische Waisenkinder auf und gab sie als Verwandte aus dem Schwarzwald oder gar als Geschwister aus. Sein Patenonkel Harald Poelchau, Gefängnispfarrer in Berlin-Plötzensee, begleitete unzählige NS-Opfer auf ihrem letzten Weg zur Hinrichtung. Und nach dem Krieg sah der junge Cornelius mit eigenen Augen, welche Verheerungen die Nationalsozialisten über Europa gebracht hatten. Sein Vater war Kernphysiker – die Sowjetunion akquirierte ihn eher unsanft kurz nach dem Krieg für die Entwicklung ihres Atomprogramms. Und so landete die gesamte Familie in einem Lager, rund 130 Kilometer westlich von Moskau, mitten im ehemaligen

»Ich bin Christ. Ich verlasse nicht eine Institution, an die ich glaube, nur um irgendwas zu werden«

Schlachtfeld: überall Gräberfelder, Materialschrott, zerstörte Dörfer. Dort waren die Deutschen zwar streng bewacht, aber ansonsten sich selbst überlassen. Cornelius Weiss besuchte die Lagerschule, lernte dort Russisch und machte Anfang der 50er Jahre das sowjetische Abitur. »Nein, die Lagererfahrung hatte nichts Schlimmes für mich, auch wenn wir im Grunde Kinder geblieben sind, denn uns fehlte der Austausch. Mental war ich 16, als ich zurückkam, obwohl ich biologisch 22 war.« 1955 hatte er bereits zwei Jahre in Minsk und Rostow Chemie studiert.

Cornelius Weiss denkt gerne an diese Zeit zurück. »Die Russen waren außerordentlich freundliche Menschen, von denen ich ob meines Deutschseins nie beschimpft oder gemieden wurde.« Selbst sein Studienkollege Adam, mit dem er in Minsk das Zimmer teilte und dessen Eltern von den Deutschen gehängt worden waren – als angebliche Partisanen –, verlor nie ein böses Wort. Diese Fähigkeit, verzeihen zu können oder zumindest Vorbehalte zu unterdrücken, hat Cornelius Weiss tief beeindruckt, ebenso wie die Gastfreundschaft der Menschen. »Dieses einfache und solidarische Leben habe ich vermisst; mir kam es in der DDR egoistischer und kälter vor.«

Die Familie konnte nach dem Aufenthalt in der Sowjetunion frei wählen, wohin sie gehen wollte. »Die DDR schien uns der bessere Teil Deutschlands zu sein, und ich war damals ein strammer Kommunist.« Eine Reise nach Heidelberg, wohin die Jugendliebe aus dem Lager mit ihrer Familie gezogen war, schien alle pseudomarxistischen Lehrbuchweisheiten über den kapitalistischen Westen zu bestätigen: Am Bahnhof boten Prostituierte ihre Dienste an, am Kiosk gab es *Landser*-Hefte zu kaufen, und in der Stadt wimmelte es von uniformierten Burschenschaftlern. Angewidert fuhr Cornelius Weiss zurück nach Leipzig.

»Ich habe meine Kinder und Enkel immer ernst genommen. Man muss die Sprache der Jugend verstehen und darf nicht belehren«

»Wir sind das Volk« skandierten und denen schließlich gelang, was Cornelius Weiss beharrlich als »friedliche Revolution« und nicht profan als »Wende« bezeichnet. 1991 bis 1997 kam ihm, schon als Rektor der Universität Leipzig, zugute, dass er kein Mann der einseitigen Schuldzuweisungen und des Schwarz-Weiß-Denkens ist. Dafür hat er zu viele Systeme und Umbrüche erlebt. 1997 trat er dann der SPD bei und zog zwei Jahre später erstmals ins Parlament in Dresden ein.

Cornelius Weiss ist ein begnadeter Erzähler. Stundenlang könnte man dem ungeheuer drahtig wirkenden Mann mit seiner recht jung klingenden Stimme lauschen, und es verwundert nicht, dass er gerade bei Jugendlichen gut ankommt. »Cool« sei »der alte Weiss«, bekommt er dann manchmal über drei Ecken zu hören. Schulen, Jugendgruppen, Jusos laden ihn gerne ein, also die »Generation der Enkel«. Warum? »Ich habe meine Kinder und Enkel immer ernst genommen. Man muss die Sprache der Jugend verstehen und darf nicht belehren.« Selbst rechtsextreme Jugendliche, mit denen er diskutierte, haben ihn schon wissen lassen: »Sie dürfen gerne jederzeit wiederkommen, Herr Weiss.«

2009 wird er nicht mehr für den Landtag kandidieren. Zwei Legislaturperioden reichen, findet er. Routine und Erstarrung sind ihm zuwider. »Ich bin jetzt der viertälteste Parlamentarier in Deutschland; ich will nicht irgendwann der älteste sein.« Richtig wohl fühlt er sich seit einiger Zeit ohnehin nur noch im Ortsverein. Auf Parteitage fährt er schon länger nicht mehr. »Die Lebenszeit ist mir einfach zu schade, um zwei Tage dort zu sitzen und Beschlüsse zu verabschieden, die dann doch wieder umgestoßen werden.« Politiker wie Cornelius Weiss sind selten geworden: »kantige Typen«, denen Inhalte und Überzeugungen wichtiger sind als parteitaktische Spielchen und Politkarrieren und die dank ihrer Lebenserfahrung ein Gespür haben für die Sorgen und Nöte der Menschen. »Es macht mich ein wenig besorgt«, gesteht er, »wenn ich an die vielen stromlinienförmigen Jungpolitiker denke, die nun in die Parlamente drängen und deren Leben dem Dreischritt Kreißsaal–Hörsaal–Plenarsaal folgt.« Und die fast ausschließlich in Kategorien des Taktischen und des Politmarketings denken. Ist er enttäuscht von der Politik? »Ich habe versucht, meine Denkweise, also die des Naturwissenschaftlers, einzubringen, allerdings nur mit mäßigem Erfolg. Wenn's um Macht ging, wurden die Sachkriterien der Wissenschaft außer Kraft gesetzt.« Cornelius Weiss lacht, fast ein wenig spitzbübisch. Und wirkt dabei mindestens 15 Jahre jünger – ganz ohne technische Hilfsmittel.

In die SED ist er trotzdem nie eingetreten. Dafür hätte er der Kirche den Rücken kehren müssen, aber: »Ich bin Christ. Ich verlasse nicht eine Institution, an die ich glaube, nur um irgendwas zu werden.« Spätestens der Mauerbau 1961 machte ihm klar, dass der »real existierende Sozialismus« der DDR nicht der richtige Weg zu einer gerechten Gesellschaftsordnung war. Dennoch dachte er nie ernsthaft daran, die DDR zu verlassen. Das hatte vor allem familiäre Gründe: »Wo macht man bei einer Familie, die sehr eng zusammenhängt, den Schnitt? Wer geht, und wer bleibt?« Mit dem Prager Frühling 1968 keimte noch einmal kurz Hoffnung auf, doch als im selben Jahr auch noch die Leipziger Universitätskirche – »meine geistige Heimat« – gesprengt wurde, schrieb er den DDR-Sozialismus für sich endgültig ab. »Diese Kulturbarbarei war für mich ein richtiger Schmerz, wie der Tod eines guten Freundes.« Er blieb an der Universität, wurde habilitiert, lehrte Theoretische Chemie, allerdings ohne Professur, weil er nicht in der Partei war. Erst 1989, im letzten Jahr der DDR, wurde er doch noch zum außerordentlichen Professor berufen. Da gehörte er schon zu den »Montagsdemonstranten«, die

»Ich bin jetzt der viertälteste Parlamentarier in Deutschland; ich will nicht irgendwann der älteste sein«

Von den Freuden der Familie –
und den alltäglichen Abgründen

Ingrid Noll
Weinheim

»Wir könnten schmuggeln, stehlen, dealen, morden, einbrechen, erpressen und kidnappen, soviel wir wollen. Keiner hätte uns im Verdacht, niemand könnte eine Personenbeschreibung abgeben, denn man schaut uns seit Jahren nicht mehr an« – Lore ist 73 und bildet gemeinsam mit Anneliese das heldenhafte Duo infernale des Romans *Ladylike*, in dem es auf höchst originelle und nicht unbedingt politisch korrekte Art um das Thema Altwerden geht. Eine der zentralen Botschaften des Buches lautet denn auch: Unter der Tarnkappe des Alters ist einiges möglich.

Diese erfreuliche Erfahrung macht auch Lores Schöpferin, die Schriftstellerin Ingrid Noll, deren Bücher nicht zuletzt wegen ihrer authentischen Dialoge gelobt werden. Für die passionierte Beobachterin und Belauscherin ist das Zugabteil ein idealer Ort. Die 73-Jährige staunt immer, wie Leute neben ihr sehr Persönliches besprechen, als ob es die stille Zuhörerin gar nicht gäbe. »Frauen werden im Alter nicht mehr wahrgenommen und für Männer zunehmend uninteressant.« Umso leichter kommt man ins Gespräch: »Wenn man über 60 ist, kann man ganz unbefangen einen fremden Mann ansprechen, ohne dass es als Anmache gleich peinlich wirkt. Dann denken die, mit Großmüttern kann man sich doch freundlich unterhalten, und geben mir bereitwillig Auskunft.« Ingrid Noll lacht und freut sich diebisch darüber, was sie ihrer Umwelt auf diese Weise so alles an literarisch verwertbarem Material entlockt.

Dabei hat sie das Älterwerden zunächst durchaus als Zumutung erfahren. »Meine erste Lesebrille hat mich bis ins Mark hinein gekränkt. Ich hatte Adleraugen, und plötzlich, mit Ende 40, konnte ich die kleinen Schriftzeichen nicht mehr lesen.« Aber die Artikulationsform der Klage ist Ingrid Noll ein Graus – das überlässt sie lieber den deutlich wehleidigeren Männern. »Ich finde es schlimm, wenn man jammert, wie schön alles früher war und wie schlecht die Welt ist. Das möchte ich mir verkneifen.«

Vielleicht ist das Schreiben für sie auch ein Mittel, mit der Unzumutbarkeit des Alters fertig zu werden und somit

Ingrid Noll, geboren 1935 in Shanghai, kam mit 13 Jahren nach Deutschland. Nach einem Studium der Germanistik und Kunstgeschichte heiratete sie 1959 und kümmerte sich fortan um Kinder und Haushalt. 1991 erschien ihr erster Roman. Seither gehört sie zu den erfolgreichsten deutschen Krimiautorinnen.

»Ich finde es schlimm, wenn man jammert, wie schön alles früher war und wie schlecht die Welt ist. Das möchte ich mir verkneifen«

einen produktiven Weg zu gehen. Sie ist nicht die Erste, denn Ingrid Noll gehört zur literarischen Riege der Spätberufenen, deren berühmtester Vertreter vermutlich Theodor Fontane ist. Er wandte sich erst mit 60 Jahren vom Journalismus ab und legte 1878 seinen ersten Roman vor, *Vor dem Sturm,* dem noch zahlreiche weitere folgten. Als Ingrid Nolls erster Roman *Der Hahn ist tot* 1980 erschien, war sie 55 Jahre alt, und aus den ersten literarischen Gehversuchen wurde quasi über Nacht ein Beruf. »Ich habe mein erstes Buch wie im Rausch geschrieben, das muss sich alles über die Jahrzehnte aufgestaut haben.« Zuerst zeigte sie es ihrem Mann, dann dem Rest der Familie und Freunden. Alle unterstützten sie, doch sie war unsicher: Ist es nicht irgendwie lächerlich oder gar anmaßend, aus dem Nichts heraus einen Roman zu schreiben? Sie selbst war denn auch am meisten überrascht, dass ihr Manuskript gleich vom ersten Verlag angenommen wurde, noch dazu von einem so renommierten wie Diogenes. Als ihr Verleger in spe damals bei ihr anrief und erklärte: »Ihr Leben wird sich ändern«, lachte sie ihn aus. Inzwischen hat sie neun Romane und zahlreiche Kurzgeschichten veröffentlicht, die Gesamtauflage ihres Werks bewegt sich im siebenstelligen Bereich, ihre Bücher sind mittlerweile in über 20 Sprachen übersetzt, und einige wurden verfilmt. Dennoch versichert sie glaubhaft, dass sich so viel gar nicht verändert hat. Sicher, sie ist mehr auf Reisen und steht stärker im Licht der Öffentlichkeit (was nicht zuletzt damit zu tun hat, dass jedes Gespräch mit ihr sehr kurzweilig ist). Aber sonst? »Ich schreibe weiterhin mit Lust. Und ich will mit meinen Büchern nicht moralisieren, sondern nichts weiter als unterhalten.« Natürlich ist das Schreiben für sie auch Arbeit. Und nicht immer geht es so leicht von der Hand wie beim Debütroman. »Aber bisher kommt immer wieder ganz von alleine eine neue Idee. Auf einmal klopft sie an die Tür …« Im Laufe der Jahre hat Ingrid Noll zudem verschiedene Strategien entwickelt, um Schreibblockaden zu überlisten. Sie beantwortet dann Briefe und E-Mails oder macht sich an so »gruselige Dinge« wie ihre Steuererklärung. »Im Unterbewusstsein arbeitet es weiter, irgendwann ist der kreative Stau weg, und dann fließt es wieder.«

Ihre Bücher gelten gemeinhin als Kriminalromane – und an originellen Formen, andere ins Jenseits zu befördern, mangelt es darin in der Tat nicht. Gleichwohl funktionieren sie nicht nach dem klassischen Muster eines Krimis. »In meinen Büchern ist nicht das Wichtigste, dass jemand umgebracht wird, sondern ich erzähle Menschengeschichten: Wie gehen sie miteinander um, wie verhalten sie sich, wie kommt so viel

»Ich habe mein erstes Buch wie im Rausch geschrieben, das muss sich alles über die Jahrzehnte aufgestaut haben«

Aggression zustande?« Denn viel interessanter als die Frage, wer denn nun diese oder jene Tat begangen hat, sind für Ingrid Noll die Schatten, die hinter der Fassade des wohlanständigen Lebens lauern. Die – überwiegend weiblichen – Protagonisten in Ingrid Nolls Romanen sind deshalb selten wahre Engel. »Das ist wie im richtigen Leben. Jeder hat Leichen im Keller und seine Drecksecken. Meine eigenen kenne ich auch sehr gut.« Vielleicht macht das ihren Erfolg auch in gewisser Hinsicht aus: Die Menschen haben eben schon immer gerne in Abgründe geschaut – vor allem in die der anderen.

Ingrid Nolls bevorzugtes literarisches Terrain ist die Familie, dort kennt sie sich aus. Schließlich hat sie drei Kinder großgezogen, den Haushalt versorgt und lange in der Arztpraxis ihres Mannes mitgearbeitet. Seit einigen Jahren ist sie überdies begeisterte Großmutter. »Es ist wirklich ein Glück, Enkelkinder zu haben« – aber sie wäre nicht Ingrid Noll, wenn sie nicht gleich auch hinzufügen würde: »Man hat sie ja zum Glück nicht ständig um sich und wird sie auch wieder los.« Sie weiß nur zu gut: »Die Familie ist der schönste Hort der Geborgenheit, aber auch die Brutstätte zahlreicher Neurosen.« In gewisser Weise entwirft sie mit ihren Romanen also ständig Möglichkeitswelten des eigenen Lebens, die nie Wirklichkeit wurden – nur eben nicht die idyllischen Varianten, sondern die teuflischen.

Wie sehr Ingrid Noll Familienmensch ist, zeigt auch die Tatsache, dass sie ihre Mutter jahrelang im eigenen Haus betreut hat. Ende 2007 ist Gertrud Noll im Alter von 106 Jahren verstorben – so, wie es sich die meisten Menschen vermutlich wünschen: friedlich, im eigenen Bett. »Es ist mitunter aber auch nicht leicht zuzusehen, wie das Flämmchen kleiner und kleiner wird«, gesteht Ingrid Noll, »und natürlich bedeutete das für meinen Mann und mich auch Einschränkungen. Einfach mal spontan übers Wochenende zu verreisen, das war nicht möglich.« Sie wusste jedoch vor der Entscheidung, dass ihre Mutter schon immer eine sehr autarke Frau war und auch unter dem gemeinsamen Dach ihr eigenes Leben führen würde. Insofern war es für Ingrid Noll eine Selbstverständlichkeit, ihre Mutter nicht ins Heim zu schicken, sondern bei sich aufzunehmen. Und auch das Sterben zu Hause war kein Tabu, im Gegenteil: »Es war gut so.« Noch ist Ingrid Noll damit beschäftigt, den Tod der Mutter aufzuarbeiten. Kürzlich hat sie in den Hinterlassenschaften Liebesbriefe des Vaters gefunden. »Es ist bewegend, diese Sachen zu lesen, es rührt vieles auf. Man will es ja immer nicht glauben, dass auch die eigenen Eltern mal ein junges Liebespaar waren.«

»Die Familie ist der schönste Hort der Geborgenheit, aber auch die Brutstätte zahlreicher Neurosen«

»Um es so lange miteinander auszuhalten, muss man kompromissbereit sein und sich auch in Frage stellen können«

In diesem Jahr feiern Ingrid Noll und ihr Mann übrigens goldene Hochzeit. Angesichts dieser beachtlichen Leistung wird sie natürlich gerne um Rat gefragt, wie das denn zu schaffen sei. »Um es so lange miteinander auszuhalten, muss man kompromissbereit sein und sich auch in Frage stellen können. Unser Glück ist außerdem, dass wir zu zweit in einem Haus wohnen und nicht den ganzen Tag zusammenglucken müssen.« Im Alter sind diese Rückzugsmöglichkeiten vielleicht sogar wichtiger denn je. »Aber natürlich freue ich mich, dass mein Mann nicht froh ist, wenn ich wieder ein paar Tage unterwegs bin.« Und Angst, dass er von seiner Frau klammheimlich und elegant ermordet wird, muss er auch nicht haben. Immerhin sind nicht wenige der Noll'schen Todesarten seiner eigenen Fantasie entsprungen. Aber dass jeder Mensch unter bestimmten Umständen zum Mörder werden kann, davon ist Ingrid Noll überzeugt. Und sie lacht wieder mit diesem schelmisch-listigen Blick, der Miss Marple zur Ehre gereichen würde – auch so eine aus dem Club der netten älteren Damen, die niemand im Verdacht hat, noch Wesentliches im Schilde zu führen. Denkste.

Ursula Werner
Berlin

Eigentlich müsste das der Traum jeder Schauspielerin sein. Dass Frauen sie nach der Vorführung umarmen und sagen: »Frau Werner, danke, jetzt muss ich keine Angst mehr vorm Altwerden haben.« Ursula Werner kann es immer noch nicht so richtig glauben, dass sie mit ihrer jüngsten Filmrolle eine so unmittelbare Wirkung erzielt. Offenbar sitzt sie bei vielen tief, diese Angst – davor, dass sich im Alter die Gefühle nicht mehr abspielen, die doch zum Leben gehören und Auftrieb verleihen; dass es nur noch Spazierengehen, Händchenhalten, Fernsehen gibt und dass ansonsten nichts mehr passiert. »Heute muss man sich mit 50 oder 55 doch fast entschuldigen, dass man noch lebt oder überhaupt noch Ansprüche stellt, arbeiten zu dürfen oder zu wollen.« Und so etwas wie Sichverlieben oder gar Sexualität darf es überhaupt nicht mehr geben. Kein Wunder, dass sich angesichts dieser Aussichten bei vielen Menschen, vor allem bei Frauen, Endzeitstimmung breitmacht. Und dass der Film mit Ursula Werner wie ein revolutionärer Akt der Befreiung wirkt.

Die Rede ist von dem Streifen *Wolke 9*, der im Frühjahr 2008 auf dem Filmfestival in Cannes seine Uraufführung erlebte und der ein paar Monate später, als er in die deutschen Kinos kam, für beträchtliches Aufsehen sorgte. Schon an der Côte d'Azur war das Publikum wie elektrisiert: Nach der Vorstellung gab es Ovationen, und am Ende stand der Publikumspreis »Coup de Cœur«. Der Regisseur Andreas Dresen hatte mit seinem »Late-Life-Drama« offenbar einen Nerv getroffen.

Dabei ist die Geschichte eigentlich nicht besonders originell: Verheiratete Frau (Inge) verliebt sich in einen anderen (Karl) und trennt sich von ihrem Mann (Werner).

Ursula Werner, geboren 1943 in Eberswalde, seit langem am Maxim-Gorki-Theater, zuvor Kultfilme und DDR-Kabarett. Bayerischer Filmpreis 2008, Coup de Cœur in Cannes und Tudor Award Genf; sie wurde für den Bambi, den Deutschen sowie für den Europäischen Filmpreis nominiert.

Das Irritierende daran ist freilich, dass Inge Mitte 60 ist, dass Karl schon auf die 80 zugeht und dass die körperliche Liebe für beide noch immer eine wichtige Rolle spielt. Der Film wurde von der Kritik vielfach auf das Thema Sexualität im Alter reduziert, aber die puristischen, ungeschönten Sexszenen des Films stechen nun einmal hervor und wirken zunächst auf manch einen wie ein Schock. Allmählich aber

»Man bleibt im Leben, denn die Bühne braucht ja auch immer die Auseinandersetzung mit der Gegenwart«

spürt der Zuschauer, mit welcher Zärtlichkeit und Würde diese nackten, sich liebenden Körper zweier alter Menschen auf der Leinwand präsentiert werden. Nein, *Wolke 9* ist kein Beitrag zum Thema »Silver Sex«, kein »Altenporno«, sondern eine ganz außerordentliche Liebesgeschichte mit all ihren tragischen Weiterungen. Sie zeigt einerseits, dass einen die Liebe auch jenseits der Pensionsgrenze noch mit aller Wucht treffen kann; sie macht andererseits aber auch deutlich, wie schwer es gerade für alte Menschen ist, den richtigen Umgang mit diesen Gefühlen zu finden. Darf eine Frau in Inges Alter noch auf ihr Herz hören? Und kann man als älteres Ehepaar mit dieser Situation nicht anders umgehen, souveräner vielleicht, weniger von den gängigen Reflexen geleitet?

»Die Dreharbeiten waren wunderbar, wir haben am Set eine glückliche Lebenszeit verbracht«, bekennt Ursula Werner mit leuchtenden Augen. Als Andreas Dresen sie gefragt hat, ob sie die Rolle der Inge übernehmen wolle, hat sie sofort zugesagt, weil ihr das Thema so wichtig ist. Weil sie gespürt hat, dass die Lebensvergangenheit dieser Inge ihrer eigenen Sozialisation nicht so fern ist. Und weil sie dem 20 Jahre jüngeren Dresen, für den sie bereits in *Die Polizistin* und *Willenbrock* Nebenrollen gespielt hat, zutiefst vertraut. »Einen solchen Film mit solchen intimen Szenen kann ich nur machen mit jemandem, von dem ich weiß, dass es ihm um Wahrhaftigkeit geht. Wenn ich selbst beim Spielen nicht frei werde, dann wird das Darstellungskunst, also etwas Künstliches.« Auch die beiden Männer, Horst Westphal und Horst Rehberg, kannte sie schon vorher, was die ganze Sache noch um einiges erleichtert hat. Außerdem waren es nicht ihre ersten Nacktszenen im Kino. 30 Jahre zuvor stand sie schon einmal hüllenlos vor der Kamera, in dem Film *Ein irrer Duft von frischem Heu* (1977), wobei sich der Sex damals allerdings eher unter dem Heu abspielte.

Sie war sich jedenfalls von Anfang an sicher: »Das wird gut. Und das werden die Leute auch gut finden.« In unzähligen Kinos und auf zahlreichen Festivals hat sie ihren Film – denn es ist »ihr« Film, der von der beklemmenden Eindringlichkeit ihrer Darstellung lebt – inzwischen vorgestellt. Sie hat mit dem Publikum darüber diskutiert, auf tausend Fragen geantwortet und gemerkt: »Die Problematik dieses Films wurde sofort als eigene angenommen. Und ich habe noch niemanden getroffen, der den Film wegen der Sexszenen abgelehnt hätte.« Sicher, manche fanden es unästhetisch, Körper mit Falten und Rundungen vorgesetzt zu bekommen, und einige lehnten den Film wohl auch deshalb ab, weil er von ihren geheimen Sehnsüchten handelt, die sie längst

in die Tiefen ihres Unterbewusstseins verbannt hatten. Am erstaunlichsten aber ist vielleicht: *Wolke 9* schauen sich (fast) alle Generationen an. »Ein Kollege meinte sogar, das sei ein ganz junger Film.« Was nicht zuletzt mit der Hauptdarstellerin zu tun hat, die eine bemerkenswerte Vitalität und eine beinahe jugendliche Neugier ausstrahlt.

Seit 35 Jahren ist Ursula Werner am Berliner Maxim-Gorki-Theater engagiert, und dem Theater fühlt sie sich bisher trotz des neuerlichen Filmerfolgs stärker verbunden als dem Kino. Sie hat ihr Leben lang immer sehr viel gespielt, Klassiker ebenso wie zeitgenössische Stücke. Und kaum eine Rolle je bereut. »Man bleibt im Leben, denn die Bühne braucht ja auch immer die Auseinandersetzung mit der Gegenwart.« Besonders wichtig ist ihr im Ensemble die intensive, oft langjährige Zusammenarbeit mit dem Nachwuchs, wo sie ihre eigenen Erfahrungen einbringen kann und zugleich immer mit ganz anderen Perspektiven konfrontiert ist. »Hier am Theater herrscht ein gesundes Miteinander von Alt und Jung.« Sie weiß aber auch, dass sie sich in einer glücklichen Situation befindet. »Mit meinem Engagement am Maxim-Gorki-Theater habe ich

»Menschen Abend für Abend etwas vermitteln zu können, was Autoren so großartig aufgeschrieben haben, dafür muss man dankbar sein«

»Hier am Theater herrscht ein gesundes Miteinander von Alt und Jung«

damals ein großes Los gezogen. Denn es ist unheimlich schwer, vom Schauspielerberuf zu leben.« Das Arbeitstempo hat zwar zugenommen, sie spielt in deutlich mehr Stücken als früher, und dass sie für die Dreharbeiten zu *Wolke 9* überhaupt Zeit hatte, war purer Zufall. Dennoch hat sie nicht vor, jetzt in Rente zu gehen. »Wenn ich das Gefühl hätte, ich störe auf der Bühne, man kommt ja gar nicht mehr vorwärts mit der Dame und rückwärts auch nicht mehr, würde ich das Schauspielern bleiben lassen.« So aber hofft sie, als »ältere Dame« künftig ein bisschen weniger eingespannt zu sein und mehr Zeit für die Familie, insbesondere für die drei »wunderbaren Enkelkinder« zu haben – etwas, das all die Jahre über viel zu kurz gekommen ist.

Und wie geht sie mit dem Erfolg und dem damit verbundenen Trubel um ihre Person um? Den Auftritt an der *Croisette* in Cannes hat sie als »Prüfung« empfunden, »die Begeisterung dort hat mich sehr berührt«. Auftritte auf allen europäischen Festivals, Nominierungen für den Bambi und den Europäischen Filmpreis, ausgezeichnet mit dem Bayerischen Filmpreis und nominiert für den Deutschen Filmpreis, jeweils als beste deutsche Darstellerin 2008 – mit *Wolke 9* ist aus einer bekannten eine berühmte, ist aus einer ostdeutschen eine gesamtdeutsche Schauspielerin geworden. Ursula Werner sieht den Film denn auch als Krönung ihres filmischen Schaffens, das 1967 an der Seite von Manfred Krug in dem DEFA-Film *Frau Venus und ihr Teufel* begann. Bleibt da noch etwas für die Zukunft? Ursula Werner lacht. »Miss Marple wäre noch so eine Traumrolle für mich.« In jüngeren Jahren wollte sie zudem liebend gerne eine Prinzessin spielen, durfte aber lediglich die Fee geben. Als sie später die Prinzessin von Burgund verkörperte, sah sie mit ihren zerlumpten Kleidern und ihrem zerzausten Haar ganz anders aus, als sie sich das adelige Fräulein vorgestellt hatte. »Diese Rolle wird jetzt vermutlich auch nicht mehr kommen«, meint sie mit schelmischem Blick und verschwindet eilig in die Maske. Zwei Stunden später steht sie auf der Bühne des Maxim-Gorki-Theaters. In *Glaube Liebe Hoffnung* von Ödön von Horvath spielt sie die Miederwarenhändlerin Irene Prantl – an den Rollstuhl gefesselt, die Beine dick bandagiert. Auch diese »altersgerechte« Rolle meistert Ursula Werner mit Bravour. »Menschen Abend für Abend etwas vermitteln zu können, was Autoren so großartig aufgeschrieben haben, dafür muss man dankbar sein«, sagt sie und wirkt bei allem Ruhm, den sie jetzt einheimst, wie das Gegenteil einer Starschauspielerin. Es hat den Anschein, als sei Ursula Werner mit 65 noch lange nicht bereit für eine geruhsame Altersteilzeit – und sie lächelt verschmitzt: »Jetzt geht's erst richtig los.«

Von Verantwortung und Glaubwürdigkeit

Edzard Reuter
Stuttgart

Eigentlich könnte Edzard Reuter jetzt, in Zeiten der Finanzkrise, Triumphgefühle hegen. Könnte als »Auskunftsperson« durch die deutsche Talkshowlandschaft tingeln und sich rühmen, er habe es ja schon immer gesagt: dass das bloße Shareholder-Value-Denken zu Gier und kurzsichtigem Handeln führt und darüber die soziale Verantwortung des Unternehmers verlorengeht. Stattdessen sagt er nur: »Ich weiß, dass wir und ich selber jede Menge Fehler gemacht haben. Ich weiß auch, dass ich sie so nicht wieder machen würde, dass ich aber dafür andere Fehler begehen würde. Ich habe aber nicht den geringsten Anlass, nicht zuletzt angesichts der gegenwärtigen Situation, zu sagen, das, was wir uns damals als Ziel vorgenommen hatten, sei falsch gewesen. Im Gegenteil: Es war richtig.«

Worte, so wohlgesetzt, dass sie fast vergessen lassen, welche Kämpfe und auch Verletzungen sich dahinter verbergen. »Damals«, das meint die Jahre zwischen 1987 und 1995, als Edzard Reuter Vorstandsvorsitzender von Daimler-Benz und damit einer der mächtigsten Wirtschaftsbosse Deutschlands war. Er wollte mit seinen Mitstreitern den Stuttgarter Automobilhersteller zu einem »integrierten Technologiekonzern« ausbauen und damit zukunftsfähig machen. Doch als sich nicht gleich glänzende Erfolge, sondern Anfang der 90er Jahre konjunkturbedingte Verluste einstellten, wurde aus dem gefeierten »Visionär« ganz schnell der »größte Kapitalvernichter«. Statt also, wie das so üblich ist, nach dem Ausscheiden aus dem Vorstand in den Aufsichtsrat zu wechseln, nahm Edzard Reuter von heute auf morgen verbittert seinen Hut. Der Konzern ging bekanntlich andere Wege, wollte mit Chrysler »Welt AG« werden. Viel geblieben ist auch davon nicht.

Edzard Reuter, geboren 1928 in Berlin, war ab 1973 Mitglied des Vorstands der Daimler-Benz AG, 1987-1995 dessen Vorsitzender. 1995 gründete er zusammen mit seiner Frau die Helga-und-Edzard-Reuter-Stiftung, die unter dem Dach des Stifterverbandes Projekte zur Integration fördert.

»Die Zügel des täglichen Geschehens loszulassen, war kein Problem für mich.« Klar ist aber auch: »So eine Verantwortung können Sie nicht an der Garderobe abgeben.« Zunächst musste der Kontakt zum täglichen Leben wieder aufgenommen werden, der in den Jahren zuvor zwangsläufig zu kurz gekommen war. »Ich bin vom ersten Tag an wieder auch zu Aldi und Edeka gegangen«, sagt Edzard Reuter und schmunzelt, als sei er noch immer heilfroh, statt milliardenschwerer Unternehmen jetzt wieder Milch und Butter einkaufen zu dürfen. Andererseits war der Sonntag auch schon zu Vorstandszeiten stets tabu – und statt mit Telefonkonferenzen mit Literatur und Kunst erfüllt.

Der Abschied aus dem Unternehmen war also kein Fall ins Leere, auch wenn die Begleitumstände lange schmerzten. Immerhin hat Edzard Reuter sich seinen Groll und seine Enttäuschung buchstäblich von der Seele geschrieben. 1998 erschienen unter dem Titel *Schein und Wirklichkeit* seine Erinnerungen, und darin überlagern die Jahre an der Spitze von Daimler-Benz, die Darstellung seiner Absichten und Ziele fast ein wenig den Rest dieses bemerkenswerten Lebens. Hat er inzwischen zu einer Art Altersmilde gefunden? »Im Gegenteil«, lacht er und hebt abwehrend die Hand. »Und ich hoffe, das bleibt auch so.«

Dass die Frage der sozialen Verantwortung eine große Rolle spielt für jemanden, der schon in jungen Jahren, nämlich 1946, in die SPD eingetreten ist, mag nicht weiter verwundern. Und Sätze wie: »Das Glück, viel Geld zu verdienen und zu haben, führt zur Verpflichtung, damit auch etwas Vernünftiges zu tun«, fügen sich sehr gut in das Bild, das Edzard Reuter abgibt. Sätze, die in Zeiten wie diesen zwar gerne beklatscht werden (noch dazu, wenn sie von einem Mann der Wirtschaft kommen), die aber eben auch oft auf Sonntagsreden beschränkt bleiben. Für Edzard Reuter hingegen war das Bemühen, eigenes Handeln und Moral möglichst miteinander in Einklang zu bringen, schon immer von essenzieller Bedeutung.

In seinem »Abschiedsjahr« 1995 hat er deshalb sogleich gemeinsam mit seiner Frau eine gemeinnützige Stiftung ins Leben gerufen. Die Helga-und-Edzard-Reuter-Stiftung widmet sich der »Förderung der Völkerverständigung und des friedlichen Zusammenlebens von Menschen unterschiedlicher ethnischer, religiöser oder kultureller Herkunft« in Deutschland – also dem, was inzwischen als »Integration« zum geläufigen Gesellschaftsvokabular gehört. Mitte der 90er Jahre war das freilich noch keineswegs so selbstverständlich. In der CDU/CSU hieß es fern jeglichen Realitätssinns kategorisch: »Deutschland ist kein Einwanderungsland.« Von Einbürgerung oder doppelter Staatsbürgerschaft träumten allenfalls nicht minder wirklichkeitsferne Multikulti-Enthusiasten. Für die Lebenswelten der Zuwanderer und ihrer Kinder aber interessierte man sich herzlich wenig. »Das war unsere Sorge, aber auch ein bisschen unsere Wut.« Seine Frau hatte sich schon lange mit dem Thema beschäftigt, und bei Edzard Reuter liefen die biografischen Prägungen fast zwangsläufig auf dieses Thema zu.

> **»Die Zügel des täglichen Geschehens loszulassen, war kein Problem für mich«**

Denn den Großteil seiner Jugend hat er selbst inmitten einer fremden Kultur verbracht. Weil sein Vater Ernst Reuter, später Regierender Bürgermeister von Berlin, von den Nationalsozialisten verfolgt wurde, floh die Familie 1935 in die Türkei. Für den damals siebenjährigen Edzard waren die Jahre in Ankara in jedem Fall weniger Exil denn orientalisches Abenteuer, mit dem die Karl-May-Lektüre plötzlich lebendig wurde. Er wuchs von Anfang an auch unter türkischen Kindern auf und beherrschte schon nach einem halben Jahr die Sprache. Ja, nickt er zustimmend, »die Türkei ist meine zweite Heimat« – ein Ort, an dem er von Menschen und durch Menschen für sein Leben geprägt worden ist, an dem er »sehr erdverbunden« Erfahrungen machte. »Ich glaube nicht, dass man im fortgeschrittenen Alter noch sagen kann: Ich habe eine neue Heimat gefunden.« Oder wie Uwe Johnson, einer der Schriftsteller, die Edzard Reuter viel bedeuten, es ausdrücken würde: »Heimat ist dort, wo die Erinnerung Bescheid weiß.«

Diese Prägungen sind jetzt, im neunten Lebensjahrzehnt, vielleicht lebendiger denn je. Noch immer geht Edzard Reuter liebend

»Das Glück, viel Geld zu verdienen und zu haben, führt zur Verpflichtung, damit auch etwas Vernünftiges zu tun«

»Daraus, dass man nur kurz und einmal lebt, entsteht eine Verantwortung«

gerne türkisch essen (am liebsten in Berlin), die Ernst-Reuter-Initiative der deutschen und der türkischen Regierung treibt unter anderem das Projekt einer deutschsprachigen Universität in Istanbul voran, und die weltberühmte Hagia Sophia ist für ihn einer der Orte, »an denen mir das Herz aufgeht«. Und eben das Engagement für die Stiftung, die Praxis und Wissenschaft miteinander verzahnt: Wissenschaftler wie der Archäologe Manfred Korfmann oder der Islamforscher Navid Kermani, aber auch das Berliner Projekt »Schulhofsprache Deutsch« oder ein Archivar in Kaliningrad, der in der Sowjetzeit Reste der deutsch-protestantischen Kultur im ehemaligen Ostpreußen sicherte, wurden unterstützt.

Darüber hinaus ist Edzard Reuter Vorsitzender des Bauhaus-Archivs, engagiert sich bei einer ganzen Reihe von kulturellen Institutionen. »Neugierig zu bleiben ist ein Lebenselixier.« Für einige dieser Ämter sucht er einen Nachfolger und macht dabei »die etwas düstere Erfahrung, dass es im Augenblick in der mir nachfolgenden Generation von Unternehmern nur sehr wenige Leute gibt, die bereit sind, sich für solche kulturellen Zwecke einzusetzen«. Wieder so ein wunderbarer Satz, der ganz unscheinbar daherkommt und doch den Sachverhalt messerscharf und schonungslos skizziert.

Edzard Reuter ist ein nachdenklicher Mensch, der stets erst nach einem kurzen, fast meditativen Verharren antwortet. Der über Literatur, modernes Musiktheater oder zeitgenössische Kunst ebenso beredt Auskunft geben kann wie über Politik und Wirtschaft. Und der auch vor den letzten Fragen nicht zurückscheut. »Religiöses war und ist mir fremd«, betont er zwar. Aber als Existenzialisten lässt er sich nicht ungern bezeichnen. Vor allem Jean-Paul Sartres literarische Gedankenwelt hat ihn schon zu Abiturzeiten weit mehr fasziniert als die abstrakt-philosophische, und sie ist ihm auch heute noch am nächsten: diese oft quälende Auseinandersetzung mit der Frage, was wir mit diesem Leben anstellen, in das wir »geworfen« werden, das wir wie eine Last zu tragen haben und das mit dem Tod dann auch vorbei ist. »Die Antwort darauf kann nicht Hedonismus sein, nach dem Motto: Genieße dein Leben, und dann ist Schluss. Im Gegenteil, daraus, dass man nur kurz und einmal lebt, entsteht eine Verantwortung.« Vor allem die, glaubwürdig vorzuleben, was man selbst für richtig hält. Das hat Edzard Reuter von seinen Eltern gelernt, die für ihn »gelebte Vorbilder« waren. Ist es ihm selbst gelungen? »Ich habe mich nach Kräften bemüht«, konstatiert er in der ihm eigenen Mischung aus Selbstbewusstsein und Bescheidenheit, aus Genauigkeitssinn und dem Wissen, dass die Sache mit der einen, einzigen Wahrheit nicht so einfach ist. Triumphgefühle? Nichts läge ferner.

Gisela Schürmann
München

Ein Herbsttag, wie er in München nicht selten zu erleben ist: Der Föhn reißt die Wolkendecke auf, am Horizont zeigt sich bereits ein breiter Streifen strahlendes Himmelblau, die Alpen sind zum Greifen nah. Gisela Schürmann genießt diesen Ausblick auf die Berge, den sie von ihrer Wohnung im achten Stock des Wohnstifts Augustinum hat: »Ich brauche die Weite.« Kein Wunder: Sie ist ein Nordlicht, im Hamburger Umland geboren und in Kopenhagen aufgewachsen. An ihre Heimat erinnern auch viele Landschaftsbilder an den Wänden. Es sind Gemälde, bestimmt von Wasser, Wäldern, Wolken und vom flachen Land am Meer. Die 86-Jährige umgibt sich gerne mit ihnen, sie geben ihr Ruhe. Daneben hängen aber auch viele Familienfotos. Und auf einem weißen Marmorteller liegen viele große runde Steine in verschiedenen Farben. Sie lässt einen in ihre Hand gleiten, streicht liebevoll darüber und erklärt: »Steine sind wie Blumen für mich. Wie schön hat Gott die Welt geschaffen, dass er uns solche Steine schenkt.«

Gisela Schürmann wurde 1922 geboren, als eines von acht Kindern. Die Eltern, Baron und Baronin von Bistram, flohen vor den Wirren der Russischen Revolution. Sie mussten ihre Güter im Baltikum aufgeben und lebten fortan in Armut. Deshalb gaben sie die 18 Monate alte Gisela und drei weitere Geschwister zu guten Bekannten nach Kopenhagen. Der Pflegevater war belgischer Geschäftsmann, die Pflegemutter geborene Hamburgerin. Bei diesem kinderlosen Ehepaar erfuhren die Geschwister nicht nur Liebe, sie wurden auch nach besten Kräften gefördert: Mit ausländischen Gästen sollten die Kinder in der jeweiligen Landessprache parlieren. Die Mutter war eine sehr religiöse Frau und machte die Kinder bereits früh mit dem christlichen Glauben bekannt. Wegen Lese- und Schreibschwierigkeiten besuchte Gisela Schürmann zunächst eine Montessori-Schule. Gerne denkt sie zurück: »Manchmal saß ich in einem Baum und lernte dort oben. Dann kam ich ganz eifrig herunter und erzählte meiner Lehrerin, was ich gelesen hatte. Es war einfach anders.« Es war offenbar auch gut, denn

Gisela Schürmann, geboren 1922 bei Hamburg, wuchs in Kopenhagen auf, war Ausdruckstänzerin, Modellschneiderin und Krankenschwester. Seit 50 Jahren übersetzt sie aus dem Dänischen. Seit 2005 lebt sie im Münchner Seniorenstift Augustinum und engagiert sich in einer Kirchengemeinde.

in der weiterführenden Schule gehörte sie anschließend zu den Besten, und kurz vor Kriegsausbruch machte sie Abitur. Anschließend durfte sie – damals beileibe keine Selbstverständlichkeit – frei wählen, welchen Beruf sie erlernen wollte – und entschied sich fürs Tanzen. Der Sinn stand ihr dabei allerdings nicht nach dem strengen, körperlichen System des Balletts; stattdessen erlernte sie erst in Kopenhagen und dann von 1940 bis 1942 in Dresden den Ausdruckstanz.

In der Schule von Mary Wigman, einer der bedeutendsten Choreografinnen des modernen Tanzes, konnte Gisela Schürmann ihr Talent entfalten. Wenn die weißhaarige Dame von dieser Zeit erzählt, erwacht ihr tänzerischer Geist wieder zum Leben, die Arme schwingen in sanften Bögen in den Raum und zurück: »Der Ausdruckstanz war mein Leben!« Sie erinnert sich an Abende, an denen die Gemälde des holländischen Malers Bruegel in Bewegung umgesetzt wurden. Da ging es um urwüchsige Kräfte und Volkstümliches. Ihre Hand klopft den Rhythmus mit, ihre tiefe, sanfte und zugleich kräftige Stimme macht es vor: »Dám-da, dám-da, da-da.« Sie lacht: »Richtig derb war das.« Ob sie heute noch hin und wieder im stillen Kämmerlein tanzt, will sie aber nicht verraten. Trotz Kriegszeiten machte sie jedenfalls rasch Karriere als Solotänzerin in Dresden. 1948 kehrte Gisela Schürmann wieder nach Kopenhagen zurück und gab das Tanzen endgültig auf, denn dort war nur noch Ballett en vogue. Sie entdeckte ein neues Talent und begann zu schneidern. »Das hatte ich auch in mir«, fügt Gisela Schürmann als Erklärung an. Dieser Satz hat bei ihr eine ganz eigene, charakteristische Melodie: selbstverständlich, natürlich und zugleich nonchalant. Nach der Schneiderschule fertigte sie dann in Ateliers für den dänischen Hof Abendroben. Die Modelle wurden mit der Hand versäumt, »mit Millimeterstichen«. Aber der Druck war groß und Gisela Schürmann ihm nicht gewachsen. »Mein Nervenkostüm konnte das nicht aushalten«, erzählt sie und gesteht: »Schnell kann ich einfach nicht.« Auf den Nervenzusammenbruch folgte ein dreimonatiger Aufenthalt in einer Klinik, und Gisela Schürmann war klar, dass sie sich nach zehn Jahren als Schneiderin wieder neu erfinden musste. Sie wollte gerne mit Menschen arbeiten. Mit 36 Jahren beschloss sie, Krankenschwester zu werden. Geholfen hat ihr in dieser schwierigen Zeit des Neuanfangs ihr tiefer Glaube. Nähe zu Gott verspürte sie zwar schon von Kindheit an. Doch erst mit Anfang 30 fühlte sie sich wirklich von ihm gerufen. Auf dem Bibelseminar einer dänischen freikirchlichen Gemeinde erkannte sie für sich: »Jesus ist nicht nur für alle Welt gestorben, sondern

> **»Steine sind wie Blumen für mich. Wie schön hat Gott die Welt geschaffen, dass er uns solche Steine schenkt«**

> **»Jesus ist nicht nur für alle Welt gestorben, sondern auch für mich. Das habe ich innerlich angenommen«**

auch für mich. Das habe ich innerlich angenommen.« Leiter dieses Seminars war Poul Madsen, dessen »deutsche Stimme« sie bis heute ist. Noch immer übersetzt sie seine Schriften ins Deutsche, und bei Seminaren arbeitet sie für den Bibellehrer als Simultandolmetscherin.

Weil der Glaube so wesentlich für Gisela Schürmann ist, wollte sie auch nur jemanden heiraten, »mit dem sie beten kann«. Vielleicht dauerte es deshalb eine Weile, bis sie sich zur Ehe entschloss. Mit Ende 30 erst lernte sie ihren Lebenspartner kennen, der bereits seit neun Jahren Witwer war, fünf Kinder hatte und fast 20 Jahre älter war als sie. Artur Schürmann, Professor für Agrarwissenschaften, war zudem offenbar auch noch hartnäckig, denn seine Zukünftige lehnte dreimal ab, ehe sie schließlich einwilligte. Nach einer kurzen Zwischenstation in Wiesbaden zog das Ehepaar 1964 nach München. Wenige Monate später wurde Gisela Schürmann mit 42 Jahren Mutter und gründete damit eine glückliche Familie. Als ihr Mann Mitte der 80er Jahre mit 82 Jahren starb, fühlte sie sich zwei Jahre lang »wie amputiert«. Dann wurde es in ihrer Seele wieder heller: »Ich beschloss, den Teil vom Leben, der noch übrig ist, nach Gottes Führung zu leben. Es war eine Willensentscheidung.«

Seit 23 Jahren ist sie nun Witwe. Nicht zuletzt weil sie ihren schwerkranken Mann in seinen letzten Lebensjahren gepflegt hatte, bekam sie vor ein paar Jahren Probleme mit ihrer Hüfte und entschloss sich 2005 zum Umzug in die Seniorenresidenz Augustinum. Inzwischen, nach einer Operation, ist sie sogar wieder mit ihrem Kickboard unterwegs, etwa wenn sie sonntags zum Gottesdienst in die Freie Evangelische Gemeinde fährt. Dort ist sie schon lange aktiv, hat unter anderem Singletreffs organisiert und Weihnachtsfeiern für Menschen, die keine Angehörigen haben. Diese Tatkraft verbindet sie auch mit ihren drei Schwestern, von denen die älteste 90 Jahre alt ist. Einmal im Jahr verbringen die vier gemeinsam ein paar Wochen in Südfrankreich. »Meine Schwestern sind tolle Frauen. Es ist eine Freude, wenn man merkt, die andere denkt ähnlich.« Eine ihrer Schwestern wohnt in Braunschweig, bald ebenfalls in einem der inzwischen 21 Augustinum-Wohnstifte in ganz Deutschland. Beide schätzen die persönliche Atmosphäre und die Achtung christlicher Werte. Gisela Schürmann fühlt sich dort auch deshalb wohl, weil sie ernst genommen wird. Voller Energie bringt sie gerne kleine Verbesserungsvorschläge ein, die meist rasch umgesetzt werden. Eine Freundin aus der Gemeinde, die inzwischen fast blind ist, lebt auch hier. Die beiden kümmern sich umeinander und »versuchen, das Leben zusammen irgendwie zu meistern«. Wichtig ist Gisela Schür-

> **»Ich beschloss, den Teil vom Leben, der noch übrig ist, nach Gottes Führung zu leben«**

»Ich versuche, Freundlichkeit zu verbreiten. Das ist kein Beruf. Aber es ist das, was hier wichtig ist«

mann vor allem eines: »Ich versuche, Freundlichkeit zu verbreiten. Das ist kein Beruf. Aber es ist das, was hier wichtig ist.«

Beim Gespräch fällt der Blick immer wieder auf Gisela Schürmanns Hände. Dort scheint sich gewissermaßen ihre seelische Intensität zu konzentrieren. Diese Hände strahlen eine sinnliche Kraft aus; sie sind noch immer schöpferisch tätig. Seit drei Jahren töpfert Gisela Schürmann regelmäßig. Ihre Tonskulpturen sind schlicht, ohne überflüssige Details und stellen vorwiegend menschliche Empfindungen dar: »Trost«, »Verzweiflung«, »Vertrauen« oder »Geborgenheit«. Inspirationsquelle ist Gisela Schürmanns Spiritualität. Wahre Demut und tiefe Religiosität sind herauszuhören, wenn sie erzählt, wie sie mit dem Klumpen Ton in der Hand dasitzt und fragt: »Herr, was willst du, das ich tun soll?« Womöglich nicht zufällig erinnern ihre Kunstwerke an die des Grafikers und Bildhauers Ernst Barlach. Auch ihm ging es um Grundbefindlichkeiten des Menschen vor dem Hintergrund der Spiritualität. Von Barlach stammt der wunderschöne Satz: »Ein Weg braucht kein Wohin, es genügt ein Woher.« Aus diesem Glauben und diesem Urvertrauen bezieht auch Gisela Schürmann ihre Kraft.

```
Industrial   II                                          12:32  Uhr          Chemicals
    CGY     3,62bG      3,62      3,62      2,92      3,25   I- 0,371   57        BAS
    CTN    23,10       21,00     23,39     20,13     23,39   I+ 0,291   59        BAY
    M5Z    88,00bG     81,50     82,00     79,18     80,74   I- 7,261   16        LIN
    NDX1   13,70       12,70     13,20     11,73     12,99   I- 0,711  130        FPE
    PFV    51,10       46,50     48,05     46,20     48,05   I- 3,051    4   7,90     70,5
    QCE    39,55       35,10     35,85     31,77     35,56   I- 3,991  181        SY1
    PS4    31,92       29,30     32,37     28,38     32,37   I+ 0,451   27        LXS
    RPW   197,19      199,00    200,48    192,00    200,25   I+ 3,061   21        SGL
    RSI    19,03       18,00     18,15     17,57     17,57   I- 1,461    6        WCH
    SNG     3,62        3,35      3,40      2,98      3,09   I- 0,531   45
    S001   22,12       20,00     25,97     18,95     23,91   I+ 1,791   76
    SWV    20,81       17,80     18,90     17,14     18,87   I- 1,941  182
    S92    50,68       48,30     48,30     42,70     45,36   I- 5,321   40
                                                            I     I
Food & Beverages                                           I     I
    SZU     9,76        9,60      9,60      9,02      9,12   I- 0,641   20
                                                            I     I
                                                            I     I     FDAX 5
```

Emanzipation beginnt
im Geldbeutel

Ingeborg Mootz
Gießen

»Oma Goldfinger«, »Börsen-Oma«, »Aktienqueen« – ein wenig geschmeichelt fühlt sich Ingeborg Mootz durchaus angesichts solcher und ähnlicher Titulierungen, die sich die Medien für sie einfallen ließen. Aber so richtig behagt ihr das mit der »Oma« dann doch nicht. Wie auch? Bewunderung klingt anders, und bei all diesen Bezeichnungen schimmert unterschwellig eine amüsierte oder gar herablassende Haltung durch. Als würde man Ingeborg Mootz nicht richtig ernst nehmen. Das hat möglicherweise damit zu tun, dass sie älter als andere Börsianer ist. Und dass sie eine Frau ist.

Ingeborg Mootz trägt ihr weißblondes Haar kurzgeschnitten. Für eine wohlhabende Dame, die an der Börse eine halbe Million Euro verdient hat, ist sie auffallend einfach gekleidet. Die 86-Jährige gesteht freimütig, dass sie »Damenmode gerne reduziert« kauft. Ihren fast 20 Jahre alten Opel Kadett hat sie vor kurzem verschenkt. Selbst die Wohnung in einem älteren Mehrfamilienhaus in Gießen wirkt bescheiden. Es ist offensichtlich: Statusdenken ist Ingeborg Mootz fremd, und Konsum bedeutet ihr wenig. Sie stammt aus einem Beamtenhaushalt, in dem das Geld immer knapp war. »Spätestens am 25. des Monats war Ebbe in der Haushaltskasse«, erzählt die gebürtige Wilhelmshavenerin. Taschengeld für die Kinder konnten sich die Eltern nicht leisten. Auf diese Zeit geht auch ihre tiefe Abneigung gegenüber Schulden zurück. »Ein Leben auf Pump mochte ich noch nie.« Für sie steht fest: »Wer sein Konto überzieht, lebt über seine Verhältnisse.«

Ingeborg Mootz war das jüngste von vier Kindern. Die beiden ältesten durften aufs Gymnasium gehen, für die kleineren reichte das Geld nicht mehr. Ingeborg Mootz und ihre ein Jahr ältere Schwester besuchten dagegen die Volksschule und erlernten keinen Beruf. Dafür pflegte Ingeborg Mootz jahrelang ihre kranke Mutter. Dann kam der Krieg. Wilhelmshaven war Ziel schwerer Bombenangriffe der Alliierten, und die Familie verschlug es nach Gießen. Dort lernte Ingeborg Mootz 1944 ihren Mann kennen – mitten im Krieg und auf der ersten Karnevalsveranstaltung ihres

Ingeborg Mootz, geboren 1922 in Wilhelmshaven, war bis zum Tod ihres Mannes, von dem sie im Alter von 76 Jahren 1000 Aktien erbte, Hausfrau. An der Börse verdiente sie dann eine halbe Million Euro. Ihr *Börsenkrimi* soll aus »Finanzanalphabeten glückliche und wissende Anleger« machen.

Lebens. Für sie war es Bestimmung. »Die Schicksalswege im Leben sind vorgezeichnet. Nur müssen wir entscheiden, wie wir damit umgehen.« Die beiden verliebten sich ineinander und heirateten. Ihr Mann arbeitete als Prokurist, sie wurde Hausfrau und brachte eine Tochter zur Welt. Die Rollenverteilung war klar. Das ging so weit, dass ihr Mann ihr vorschreiben wollte, welche Partei sie zu wählen habe. Heimlich machte sie ihr Kreuz bei der gegnerischen Seite, weil die ihr »besser gefiel«. Ende der 70er Jahre fand sie erstmals den Mut, sich offen zu widersetzen. Ingeborg Mootz benötigte

> **»Die Schicksalswege im Leben sind vorgezeichnet. Nur müssen wir entscheiden, wie wir damit umgehen«**

50 D-Mark mehr Haushaltsgeld. Daraufhin hielt ihr Mann ihr vor, sie sei »zu dumm zum Geldverdienen«. Das wollte sie nicht auf sich sitzen lassen. Im Schnellverfahren ließ sie sich zur Vermögensberaterin ausbilden und verdiente damit auch tatsächlich Geld. Und blühte auf. Sie war wissbegierig und wollte lernen, besuchte Kurse in Sachen Kommunalpolitik und nahm an Managerseminaren teil. Mit 40 hätte sie diesen Schritt in die Emanzipation noch nicht gewagt, ist sich Ingeborg Mootz bewusst. »Damals war ich noch nicht so weit.« Eine bittere Lehre war ihr schließlich das Schicksal ihrer Schwester, die mit einem »richtigen Macho« verheiratet war. Als diese mit 45 Jahren Witwe wurde, »war sie nicht einmal in der Lage, in einem Lokal eine Tasse Kaffee für sich zu bestellen«. Ingeborg Mootz sitzt auf ihrem Sofa mit Samtbezug, beugt sich vor, und ihre etwas zittrige Stimme wird vor Empörung eindringlich und laut. »Ein Mann kann eine Frau fertigmachen, wenn sie kein Geld hat und finanziell abhängig ist. Emanzipation beginnt im Portemonnaie.«

Ingeborg Mootz hat mit Mitte 50 erkannt, wie wichtig es ist, das finanzielle Schicksal in die eigene Hand zu nehmen. Aber ihre Aufbruchsstimmung fand schon bald ein jähes Ende. In der Wohnung stürzte sie von der Leiter und klemmte sich zwei Hals- und zwei Lendenwirbel ein. Es folgten fast 20 Jahre, in denen sie häufig ans Bett gefesselt war, so stark waren die Schmerzen. Neue Kraft fand Ingeborg Mootz damals in der Musik. Bei Volksmusik und heiteren Schlagern konnte sie alles um sich herum vergessen und »dachte nur noch in Melodien«. Auch erinnerte sie sich an ein Lied, das sie sich zu Schulzeiten ausgedacht hatte und dann mit kindlicher Inbrunst regelrecht »geschmettert« haben muss: »Ich gehe noch zur Schule und habe keine Zeit. Ich muss noch so viel lernen, und der Weg ist noch so weit.«

Ingeborg Mootz ist keine, die groß jammert. Wenn sie sich doch einmal beklagt, wendet sie sich an ihren »Freund«, den »lieben Gott«. Über ihre Gespräche mit ihm

muss sie selbst schmunzeln. »Ich lobe und ich schimpfe ihn.« Wenn er ihr zu viel Stress »schenkt«, wird sie gerne auch mal deutlich: »Jetzt reicht es mir. Such dir jemand andern aus.« Hinsichtlich ihrer Krankheit musste sie sich allerdings lange gedulden. Mit 70 fasste Ingeborg Mootz den Mut, sich für alternative Heilmethoden zu öffnen, weil die Schulmediziner ihr nicht helfen konnten. Ein Homöopath und Chiropraktiker renkte ihre Wirbel schließlich innerhalb von Minuten wieder ein, sie fühlte sich wie »neugeboren«.

Mit dem Tod ihres Mannes 1995 begann für Ingeborg Mootz noch einmal ein neuer Lebensabschnitt. Er hinterließ ihr 1000 VEBA-Aktien, und sie packte nun der Ehrgeiz. »Eigentlich drohte mir ein Leben als Witwe mit gut 1000 Euro Rente«, kichert die alte Dame in sich hinein. Geld an sich interessiert Ingeborg Mootz zwar überhaupt nicht. Es klingt jedoch in keiner Weise kokettierend, wenn sie mit ihren wachen graublauen Augen sagt: »Mich fasziniert, dass man aus Geld so viel machen kann. Ich will sehen, wie es sich vermehrt, aber ich muss es nicht haben.« Sie studierte also Börsenkurse,

> »Mich fasziniert, dass man aus Geld so viel machen kann. Ich will sehen, wie es sich vermehrt, aber ich muss es nicht haben«

»Wer nicht Bescheid weiß, der hat Angst«

Unternehmensprofile, Geschäftsberichte und wusste bald: »Man muss im Tiefkurs kaufen, im Hoch verkaufen, und zwar nur solide Dax- und M-Dax-Aktien. Und niemals Papiere ehemaliger Staatsunternehmen.« Neun Jahre später besaß sie 25 000 Aktien im Wert von einer halben Million Euro. Ausgegeben werden – ehernes Prinzip – nur die Dividendenzahlungen. In guten Jahren lässt sich damit mindestens eine Reise nach China finanzieren. Im Augenblick reicht es angesichts der Finanzkrise vermutlich nur für den Schwarzwald, und das Vermögen hat sich fast halbiert. Deshalb ist auch ihr Projekt für Frauen in Not erst einmal in weite Ferne gerückt, denn dafür fehlt ihr derzeit zu ihrem großen Bedauern das Geld. Aber Ingeborg Mootz wirkt nicht so, als würde sie das aus der Ruhe bringen. »Solche Phasen muss man aussitzen«, meint sie. Und das ist für sie nicht weiter schwer, denn wichtiger als der momentane Wert ihrer Aktien ist Ingeborg Mootz ihre Mission.

Ihr Anliegen ist es, die Menschen vor schlechten Erfahrungen zu bewahren und aus der finanziellen Unmündigkeit zu befreien. Gleich mehrmals betont sie – und dabei hebt sich ihre Stimme wieder –, dass sie »den Leuten die Angst nehmen will«. Weil alle ihre Botschaft hören und lesen sollen, hat sie ein Buch geschrieben. Es hat 82 Seiten, kostet 32,50 Euro und trägt den Titel *Börsenkrimi*, weil jemand gesagt haben soll, es lese sich wie ein Krimi. Die im Copyshop vervielfältigten Exemplare stapeln sich in ihrem Büro. Einen Computer, über dessen Bildschirm die aktuellen Börsenkurse flimmern, sucht man dort übrigens vergeblich: Ihre Informationen bezieht Ingeborg Mootz noch ganz klassisch aus der Lokalzeitung. Im vergangenen Jahr verkaufte sie so viele Bücher, dass sie erstmals in ihrem Leben einen Steuerberater benötigte. Es ist nur konsequent, dass sie für ihre Finanztipps, die Fans in Briefen an die »sehr verehrte liebe Frau Mootz« erbitten, kein Geld annimmt. Denn Ingeborg Mootz macht den Leuten nicht nur ökonomisch Mut. Was die alte Dame leistet, kann man mit Fug und Recht als Lebensberatung bezeichnen. Sie möchte, dass die Menschen Verantwortung für sich selbst übernehmen: »Wissen ist Macht. Unwissenheit ist Dummheit. Wer nicht Bescheid weiß, der hat Angst.«

Die Märchenfigur »Hans im Glück« ist ihr Talisman. Als Schmuckstück braucht sie den, wie sie sagt, um ihre Zukunftspläne in die Tat umzusetzen. So offen und hoffnungsvoll, wie sie in die Zukunft blickt, so wenig fürchtet sie sich vor dem Tod. Sie ist neugierig darauf, was noch so kommen mag. Auch Wiedergeburt will sie nicht ausschließen. Für diesen Fall hat sie dem »lieben Gott« allerdings bereits in jungen Jahren ein Versprechen abgenommen: Sie will keinesfalls »noch einmal als Frau auf die Welt kommen, sondern nur als Mann«.

Auf einer großen Reise
zu sich selbst

Dankmar Scheuchl
Isen

Verlässt man München in östlicher Richtung, so dauert es eine Weile, bis man die geballte Scheußlichkeit aus Messegelände und Gewerbegebieten hinter sich gelassen hat. Dann aber wird das Land plötzlich ganz sanft, die Straße führt leicht hügelig durch herbstlich gefärbte Waldstücke, an nebelumflorten Äckern und Wiesen vorbei in Richtung Isental. Als dann auch noch ein weißer Renault 4 vor der Tür des kleinen Häuschens steht und jede Menge tibetischer Gebetsfahnen im Garten flattern, sieht man sich endgültig in eine andere Welt versetzt.

Dankmar Scheuchl ähnelt ein wenig dieser Landschaft. Er strahlt eine große Sanftheit, ja Milde aus und zugleich eine enorme Kraft und Beharrlichkeit. Nach zwei Stunden an diesem fast magischen Ort glaubt man zumindest zu ahnen, woher das rührt.

2005 ist der gebürtige Augsburger zu einer – nein: zu seiner – Reise aufgebrochen. 26 Monate war er mit dem Motorrad unterwegs, 86 000 Kilometer hat er zurückgelegt und fünf Reifensätze verschlissen. Aber noch nicht genug: Er war damals, bei Beginn seiner Weltreise, 66 Jahre alt – und er ist ganz allein gefahren. 1963 wollte er schon einmal rund um die Welt. In einem Motorrad mit Beiwagen ist er damals mit einem Freund bis nach Nepal gekommen. Dort ging den beiden jedoch das Geld aus, und sie mussten ihr Gefährt verkaufen. Mit dem Erlös haben sie es dann noch bis Japan geschafft, zurück ging es mit der Transsibirischen Eisenbahn.

Damals befand sich Dankmar Scheuchls Leben in einer »Zwischenphase«, wie er es nennt. Nach einer kaufmännischen Lehre verpflichtete er sich zunächst für drei Jahre bei der Bundeswehr. »Ich hatte keine Lust, mich beruflich zu entscheiden.« Lieber wollte er umsetzen, was er schon jahrelang im Kopf mit sich herumgetragen und geplant hatte.

Nach der abgebrochenen Weltumrundung landete er 1966 bei IBM in München, anfangs im Vertrieb, doch schon bald merkte er, dass ihm das Organisieren und der IT-Bereich besser lagen. »Meine Stärke ist es, komplexe Organisationen

Dankmar Scheuchl, geboren 1939 in Augsburg, brach 2005 mit seinem Motorrad auf, die Welt zu erkunden. Was er auf seiner 26 Monate dauernden Tour vom Nahen Osten über Asien und Australien nach Südamerika und dann quer durch Afrika erlebt hat, wird er in einem Buch ausführlich beschreiben.

zu entwerfen und die dann umzusetzen in real laufende Software« – durchaus nicht die schlechtesten Voraussetzungen für die Planung einer Weltreise. Aber dieses Programm sollte noch einige Jahre auf seine Vollendung warten. Einstweilen gründete er 1980 einen eigenen Softwareladen in München; 1997 übergab er die Geschäftsführung an seinen Sohn und war nur noch beratend tätig. 2004 schließlich erfolgte der »sanfte Übergang in den Ruhestand«. Parallel liefen schon die Vorbereitungen für Version 2.0 des Projekts »Rund um die Welt«.

In den 40 Jahren dazwischen hatte Dankmar Scheuchl keine Zeit gefunden für größere Touren, abgesehen von einigen Urlaubsreisen. Aber das war nicht zu vergleichen. Ab 1978 war er dann auch noch alleinerziehender Vater, »lange Zeit hatte die Woche acht Tage für mich«. Trotzdem: Die Idee einer Weltreise »hat immer irgendwo da hinten geflackert«, sagt er und deutet lachend auf den Hinterkopf. Auch die Motivation war unverändert: »Ich wollte andere Menschen, andere Gegenden, andere Kulturen kennenlernen.« Dankmar Scheuchl kaufte sich schließlich ein Motorrad – eine BMW R100 GS – und ließ es für den Einsatz unter Extrembedingungen umbauen.

Zunächst sollte es bis Singapur gehen, damals der südlichste Punkt, den er mit seinem Freund erreicht hatte. Dann wollte er weitersehen: »Man weiß ja nicht genau, wie man so ganz alleine mit sich zurechtkommt.« Ab Indien aber war klar: Er würde weiterfahren. »Allein unterwegs zu sein hat ja nicht zuletzt den Vorteil, dass man niemanden fragen muss, ob man rechts oder links abbiegt.« Sicher, ab und zu gab es Situationen, in denen er lieber den ein oder anderen Begleiter gehabt hätte. Das galt vor allem für Afghanistan, das heikelste Land auf dieser Reise. »Das würde ich heute nicht mehr machen«, gesteht Dankmar Scheuchl, »das war leichtsinnig.« Aber einer seiner Grundsätze sei schon immer gewesen: »Warum bei etwas zögern, was man nur einmal falsch machen kann?« Geholfen hat ihm in vielen Fällen ein simpler Überraschungseffekt: Mit einem Motorradfahrer rechnete dort niemand. Trotzdem hatte er auch einfach Glück: »Zur gleichen Zeit, als ich in Afghanistan war, sind ein japanisches Pärchen und ein britischer Ingenieur umgebracht worden.« Besonders unangenehm war es in Kandahar, im Süden des Landes. »Angst gehört eigentlich nicht zu meinem Naturell«, sagt er in seinem gemütvollen bayerischen Schwäbisch,

»Warum bei etwas zögern, was man nur einmal falsch machen kann?«

aber die abweisende, eisige Atmosphäre in dieser Stadt habe ihn trotz der dort herrschenden 40° Celsius erschauern lassen. »Dort hatte ich das einzige Mal wirklich Angst und spürte geradezu körperlich die Gefahr.« Fluchtartig sei er davon in Richtung Kabul, wo genau die gegenteilige Erfahrung auf ihn wartete. Kein Wunder, gibt es dort doch mitten in der

afghanischen Hauptstadt einen bayerischen Biergarten. Nirgendwo sonst ist er so herzlich aufgenommen worden wie im »Deutschen Hof«.

Von Afghanistan ging es weiter nach Süd- und Südostasien und nach Australien, von dort mit dem Flugzeug über den Südpazifik nach Santiago de Chile, dann quer durch Südamerika, wieder durch die Luft von Buenos Aires nach Kapstadt; durch Afrika schließlich zurück nach Europa. Was ihn am meisten beeindruckt hat, kann Dankmar Scheuchl beim besten Willen nicht sagen: die unendliche Weite und Leere des Outback in Australien, das raue Patagonien, das einen mit seinen Winden fast von der Straße fegt, ein magischer Ort wie Machu Picchu. Nur eines weiß er sicher: »Das Taj Mahal ist für mich das schönste Gebäude der Welt.« Übernachtet hat er meistens im Zelt, was nicht zuletzt den Vorteil hatte, dass er sich unter die Menschen mischen musste und so die fremden Kulturen in ihrer alltäglichen Umgebung hautnah erlebte.

Und wie war es mit dem Heimweh? Dankmar Scheuchl spricht lieber positiver von einem »Zug nach Hause«, einem wachsenden Drang gegen Ende der Reise gen Heimat. In Afrika fing es an, »ich musste mich am Zügel nehmen, um nicht an interessanten Plätzen vorbeizufahren. Aber das Gefühl der Trennung von der Familie muss man vorher bearbeiten.« Dennoch hat ihm seine Lebensgefährtin oft gefehlt. Es ist nun einmal schöner, die Fülle der Eindrücke zu teilen.

Viel größer waren die Befürchtungen in seinem Umfeld, ob er sich nach über zwei Jahren in der Ferne wieder einleben würde. »›Der wird sein Zelt im Garten aufschlagen‹, hieß es. In Wirklichkeit habe ich keinen Tag gebraucht, um mich zu Hause wieder wohlzufühlen.« Hat ihn die Reise verändert? Er sei zumindest viel gelassener als früher. Bescheidener ist er geworden angesichts der kulturellen Leistungen anderer Völker, und der eurozentrische Blick, mit dem man die Welt so gerne betrachtet, hat sich verflüchtigt. »Die gefährlichste Weltanschauung ist die Weltanschauung derer, die die Welt nicht angeschaut haben«, zitiert er den großen Welterforscher Alexander von Humboldt. In politischen Fragen hingegen ist er jetzt unduldsamer und harscher im Urteil – vielleicht auch, um angesichts des Elends, das er vielerorts zu sehen bekam, nicht zu resignieren. »Kalkutta ist so deprimierend wie vor 40 Jahren; sogar den verkrüppelten Bettler auf dem Rollwagen gab es noch.« Andererseits hat sich in den vier Jahrzehnten seit der ersten Reise in mancher Hinsicht unglaublich viel verändert. Kein Problem mehr war die Versorgung mit Geld und Benzin. Und auch das Straßennetz war »ein

»Meine Falten im Gesicht habe ich mir redlich verdient«

Unterschied wie Tag und Nacht«. Abenteuerlicher denn je ist dagegen das Verkehrsverhalten mancher Einwohner – in Indien etwa gehören Geisterfahrer auf der Autobahn zum Alltag. Dennoch: Wirklich passiert ist ihm nichts. »Ich hatte viele Umfaller, aber keinen wirklichen Unfall.« Nur in Indonesien ist er »um Zeitungsblatt-stärke« einem Totalcrash entkommen. Geistesgegenwärtig rettete er sich zwischen zwei (sehr harten) Palmen hindurch, mitten hinein in eine Bananenstaude. »Motorrad-fahren soll man, wenn die Gedanken frei sind«, weiß er aus Erfahrung, sonst sei das Unfallrisiko zu groß. Demnach müsste sein Kopf in diesen zwei Jahren ziemlich frei gewesen sein.

Neue Abenteuer warten jetzt zusammen mit seiner Partnerin auf ihn – nun darf sie bestimmen, wohin es im Wohnmobil geht. Sein Traum wäre es, ein paar Monate durch Lateinamerika zu fahren. Angst vor dem Alter hat er nicht. »Meine Falten im Gesicht habe ich mir redlich verdient«, meint er, und Motorradfahren will Dankmar Scheuchl auch weiterhin, »solange ich nicht runterfalle«. Und der ganze Zauber dieses Ortes versammelt sich noch einmal in einem sanften Lachen, das er uns mitgibt auf den Weg zurück in diese eigenartige Welt da draußen.

Lieselotte Thomas
Ingolstadt

Heutzutage wäre es vermutlich undenkbar: 25 Jahre lang hat Lieselotte Thomas als Sekretärin bei Audi in Ingolstadt gearbeitet – und die ganze Zeit über nie ein Auto besessen. Warum? Ganz einfach: Sie besitzt nicht einmal einen Führerschein. »Man kommt sich wirklich wie ein Mensch zweiter Klasse vor«, lacht sie und schüttelt halb entrüstet, halb belustigt den Kopf. Aber es war einfach so damals: Erst hatte sie kein Geld, um die Fahrerlaubnis zu erwerben, dann keine Zeit, »und irgendwann war ich zu alt«. Sicher, manchmal wäre es bequemer gewesen, nicht auf Bus und Bahn angewiesen zu sein. Aber im Nachhinein betrachtet, hat es vielleicht auch sein Gutes gehabt. Denn Lieselotte Thomas ist mit ihren 92 Jahren noch »gut zu Fuß«, problemlos bewältigt sie die Treppe bis zu ihrer Wohnung im dritten Stock, und das hat vermutlich auch damit zu tun, dass sie ihr Leben lang mobiler war als so mancher Automobilist.

1950 hat sie angefangen bei dem Autokonzern, der damals allerdings noch »Auto Union GmbH« hieß. Lange Jahre war sie im Vorstandssekretariat bei Rudolf Leiding beschäftigt, dem späteren »Vater des Golf«, der in seiner Zeit in Ingolstadt den Audi 100 entwickelte. 1963 zog sie in die bescheidene, aber durchaus geräumige Werkswohnung, in der sie noch heute lebt. Auf gut Bayerisch könnte man Lieselotte Thomas also als »gstandne Ingolstädterin« bezeichnen. Im Herzen aber ist sie immer Berlinerin geblieben. 27 Jahre hat sie dort verbracht, und die schnoddrige »Berliner Schnauze« kommt immer noch durch, wenn sie von ihrem Leben erzählt.

Als Lieselotte Thomas 1916 in Straßburg geboren wurde, war der Erste Weltkrieg gerade einmal zwei Jahre im Gange und sollte noch zwei weitere dauern. Als sie drei Jahre später mit ihren Eltern nach Berlin zog, war aus dem Kaiserreich eine Republik geworden und ihre Geburtsstadt wieder an Frankreich gefallen. Ihre Mutter, eine Portugiesin, die mit dem irischen Schriftsteller James Joyce verwandt war, »wollte keine Französin werden«, während ihr Vater, der aus Fürth kam, alles Französische liebte. Die Mutter setzte sich durch, und Lieselotte Thomas lernte Berlin lieben, denn sie verbrachte dort eine »sehr schöne Kindheit«,

Lieselotte Thomas, geboren 1916 in Straßburg, wuchs in Berlin auf. Nach dem Krieg arbeitete sie 25 Jahre lang als Sekretärin bei Audi in Ingolstadt. Heute ist sie als wohl älteste Mesnerin Deutschlands in der Kapelle des Klinikums Ingolstadt tätig.

die geprägt war vom Montessori-Kindergarten und dem Besuch der Mädchenschule. In den 30er Jahren entwickelte sie dann einen ausgeprägten »Tic«, wie sie sagt, für Film und Theater, beides im damaligen Berlin hoch im Schwange. Die Stars von Bühne und Leinwand, Zarah Leander etwa oder Lilian Harvey, konnte man sich problemlos »aus der Nähe anschauen«, sie lebten noch nicht, abgeschottet von der Außenwelt, in ihrem eigenen Kosmos. Auf dem Spaziergang von Potsdam nach Werder begegnete man schon einmal einer Elisabeth Flickenschildt oder Marianne Hoppe. Bei einer der Premieren, auf denen Lieselotte Thomas regelmäßig zu finden war, traf sie Hans Albers und gratulierte ihm zu seinem letzten Film. Er fragte: »Fanden Sie mich da wirklich gut?« »Es war zwar nicht Ihr bester Film«, antwortete sie kess, »aber er war durchaus interessant.«

»Ausdauer kann man vielleicht von mir lernen, sich nicht unterkriegen zu lassen«

Doch dann kam das Jahr 1939, das nicht nur die Welt in die Katastrophe des Zweiten Weltkriegs stürzte, sondern auch zum persönlichen Schicksalsjahr für Lieselotte Thomas werden sollte: Im Februar heiratete sie ihren Mann, den sie vier Jahre zuvor kennengelernt hatte, im April kam ihre Tochter zur Welt, und im Dezember starb ihr Mann mit gerade einmal 29 Jahren. Eine Bauchfellentzündung blieb unbehandelt, weil weit und breit kein Arzt zu finden war. Die Mediziner waren alle zum Kriegsdienst eingezogen.

Ein Jahr später heiratete sie noch einmal, den besten Freund ihres Mannes, aber diese Ehe war eher der Vernunft als der Liebe geschuldet und ging nach dem Krieg auseinander. Doch schon vorher war man lang und oft getrennt. Lieselotte Thomas floh 1944 mit ihren Eltern und ihrer Tochter aus Berlin, während ihr Mann in den Krieg gezwungen wurde. Nach drei Jahren auf der Flucht landete sie mit einem einzigen Koffer in Baar bei Ingolstadt, wo ihr Vater eine Stelle als Prokurist gefunden hatte. Für Lieselotte Thomas waren diese Jahre in der oberbayerischen Provinz eine »schreckliche Zeit«. Bei den Einheimischen war sie nur »die Preußin« und wurde entsprechend ablehnend behandelt. »Die Leute dort liebten mich abgöttisch«, sagt sie mit Ironie in der Stimme, und die Verbitterung über die menschliche Kälte, die ihr dort entgegenschlug, ist noch immer deutlich zu spüren. Vielleicht hat sie auch deshalb immer nach der Wärme der Familie gesucht. Sie hat mit ihren Eltern zusammengelebt und sie auch dann noch betreut, als sie im Altenheim waren. Das hohe Alter scheint im Übrigen eine Gabe der Familie zu sein: Ihr Vater wurde 95, ihre Mutter sogar 97 Jahre alt.

Seit über 30 Jahren ist Lieselotte Thomas nun schon im Ruhestand. Und je älter sie wird, sagt sie, desto intensiver wird die Erinnerung. »Vor allem nachts, wenn ich

Der Glaube an Gott, diese »Macht, die einem in jeder Situation hilft und Hoffnung gibt«

wachliege, wird das Damals wieder lebendig«, in seinen schönen wie in seinen schrecklichen Momenten. Doch auch das Heute braucht eine Struktur, muss mit Sinn gefüllt werden. Nach der Pensionierung besuchte Lieselotte Thomas noch jahrelang Volkshochschulkurse, um ihr Englisch »up to date zu halten«. Einmal im Monat trifft sie sich mit drei anderen ehemaligen Audi-Sekretärinnen zum Kaffeekränzchen. Und sie besucht regelmäßig öffentliche Generalproben im Stadttheater, um wenigstens ab und zu noch einmal die Aura dieser Bretter zu spüren, die angeblich die Welt, zumindest aber ihr sehr viel bedeuten.

Zentrales Datum der Woche ist jedoch der Sonntag. Dann fährt Lieselotte Thomas mit dem Bus ins Ingolstädter Klinikum und bereitet den abendlichen Gottesdienst in der dortigen Kapelle vor. Sie füllt Kelche mit Traubensaft, zündet Kerzen an und legt Kirchenlieder auf. Sie ist noch immer verwundert, dass sie die Einzige ist, die das machen will. »Ich frage meinen Pfarrer: Was machst du, wenn ich eines Tages tot umfalle? Und er antwortet: Nein, das darfst du auf keinen Fall, du bleibst mir schön erhalten.« Dass sie seit einiger Zeit als älteste Mesnerin Deutschlands durch die Medien geistert, ist ihr sichtlich unangenehm. Superlative sind ihrer Generation wohl eher suspekt.

Was man von ihr lernen könne? »Ach Gott«, winkt sie zunächst ab, doch dann: »Ausdauer kann man vielleicht von mir lernen, sich nicht unterkriegen zu lassen.« Sie sei mehr als einmal sehr verzweifelt gewesen in ihrem Leben, aber ihre Kinder und ihre Eltern hätten ihr immer wieder darüber hinweggeholfen. Und natürlich der Glaube an Gott, diese »Macht, die einem in jeder Situation hilft und Hoffnung gibt«. Ihr Glaube wurde immer wieder gestärkt durch die Tatsache, dass »man heil geblieben ist«, irgendwie.

Lieselotte Thomas wirkt fast ein wenig zerbrechlich, wie sie so dasitzt im Sessel, mit übereinandergeschlagenen Beinen, und von der Vergangenheit erzählt. Die schwarzen Filzpantöffelchen mit Edelweiß-Motiv, die sie trägt, geraten das ein oder andere Mal gefährlich ins Wippen, wenn sie von alten Zeiten in Berlin zu schwärmen beginnt. Gleichzeitig blickt sie mit ihren wachen blauen Augen aufmerksam in die Welt und strahlt eine bemerkenswerte Zähigkeit aus, die sich mit einer nicht minder beeindruckenden Bescheidenheit paart. »Ich weiß gar nicht, ob das alles nun so interessant ist«, sagt sie nicht nur einmal und meint das ohne jegliche Koketterie auch so.

Am eindrucksvollsten und bewegendsten aber ist das, was sie über den Tod zu erzählen weiß. Und sie kennt ihn fast zu gut, nicht nur weil sie mit 23 Jahren zum

»Es war mir ein Bedürfnis, bis zum letzten Atemzug bei meinen Eltern zu sein«

ersten Mal seine grausame Macht erfahren musste. »Ich besuche alle, die mir nahestehen, wenn's geht, wenn sie im Sterben sind. Ich will sie nicht allein- lassen.« Einen Tic nennt sie selbst das, man könnte es aber auch als selbstlose und mutige Form der Mitmenschlichkeit bezeichnen. Eine enge Freundin hat sie unlängst bis zum Schluss begleitet, und auch ihre Mutter und ihren Vater hat sie im Arm gehalten, als sie gestorben sind. »Es war mir ein Bedürfnis, bis zum letzten Atemzug bei meinen Eltern zu sein.« Weil das Sterben dann vielleicht – oder besser: hoffentlich – leichter ist. Weil die Menschen spüren, dass sie nicht alleine sind, wenn es Zeit ist zu gehen.

Vor dem eigenen Tod hat sie keine Angst, warum auch? Sie hofft, dass Gott sie eines Tages einschlafen lässt, und hat für den Moment nur einen Wunsch: »Ich will bloß nicht unter den nächsten LKW kommen.« Lieselotte Thomas lacht, und dieses lebenskluge Lachen klingt noch eine ganze Weile nach auf dem Weg durch ein Ingol- stadt, in dem der Herbst für einen Tag noch einmal zum Sommer geworden ist.

Den Geheimnissen der Natur
auf der Spur

Gerhard Görlitz
Arnstadt

Zweimal hatte er bereits offenbar gute Arbeit in China geleistet. Nun war im Reich der Mitte erneut Expertenrat gefragt. Allerdings wusste man dort nicht mehr, wie dieser kluge ältere Herr aus Deutschland hieß, dessen Rat man unbedingt haben wollte. Zum Glück hatte sich sein Aussehen nachhaltig eingeprägt, und so war in der Anfrage an den Senior Experten Service zu lesen, man wünsche sich den »Mann mit der langen weißen Mähne«. Das konnte nur einer sein: Gerhard Görlitz.

Als er die Wohnungstür öffnet, fällt in der Tat als Erstes sein schlohweißes Haar ins Auge. Dass der Gartenbauingenieur schon 71 Jahre alt ist, will man trotzdem kaum glauben. Wie er das macht? »Ich hatte nie Zeit, krank zu sein.« In 21 Jahren war er nicht einen Tag krankgeschrieben, und auch jetzt, im Ruhestand, könnte man sagen, fehlt ihm einfach die Muße dazu. Vielleicht halten ihn aber auch die ein bis zwei Stunden jung, die er jeden Tag in seinem Schrebergarten verbringt. Das Züchten von Wildalpenveilchen nennt er sein Hobby, mit einer Selbstverständlichkeit, als handle es sich um einen Allerweltszeitvertreib wie Lesen oder Fußball. Weil der erste Frost droht, hat er das Gewächshaus geräumt, und so finden sich auf der Fensterbank allerlei exotische Gewächse aufgereiht. Darunter ein Zitronenbaum, dessen südlicher Duft einen eigenartigen Kontrast zur kühlen Novemberluft draußen bildet.

Seit 1963 lebt Gerhard Görlitz mit seiner Familie in Arnstadt, am Fuße des Thüringer Waldes. Das Städtchen mit seinen knapp 25 000 Einwohnern ist vielleicht nicht der schlechteste Ort, um alt zu werden. Arnstadt galt als »älteste Stadt der DDR«, die ehemalige Residenzstadt kann mit einigen ehrwürdigen Sakralbauten wie etwa der Liebfrauenkirche aufwarten, und der Alte Friedhof dient gut 20 Mitgliedern der Familie Bach als letzte Ruhestätte. Hier in Arnstadt fing Gerhard Görlitz nach seiner Ausbildung zum Gartenbauingenieur in der örtlichen LPG an. 1975, nunmehr mit dem Titel eines Diplom-Agraringenieurökonoms ausgestattet, übernahm er eine leitende Funktion im Kombinat OGS (eines dieser DDR-Kürzel, das bedeutsam

Gerhard Görlitz, geboren 1937 in Deutsch Gabel (Sudetenland), ist Gartenbauingenieur mit Schwerpunkt Obstbau. Im Dienste des SES (Senior Experten Service) ist er seit 2002 bisweilen im Ausland unterwegs. Beratend tätig wurde er bisher in China, Weißrussland, Armenien und Moldawien.

klingt, aber in diesem Fall ganz profan für »Obst, Gemüse, Speisekartoffeln« steht) in Erfurt. Nach der Wiedervereinigung schließlich war er – nach einem kurzen Intermezzo in der Türkei – in einem Fruchtgroßhandel in der Nähe von Gotha für die Qualitätssicherung zuständig. 2002 ging er in Rente, hatte allerdings keinerlei Ambitionen, sich zur Ruhe zu setzen. Im Grunde freute er sich darauf, sich mitsamt seinen Erfahrungen bei den Kleingärtnern und bei der Stadt »einbringen zu können«, doch in beiden Fällen war man auf seinen Rat offenbar nicht sonderlich erpicht. Als er in der Zeitung zufällig vom Senior Experten Service (SES) las, fuhr er noch am nächsten Tag ins Landesbüro nach Erfurt und bewarb sich. Ein paar Monate später saß er bereits im Flugzeug und war auf dem Weg nach China, zu seinem ersten Auslandseinsatz.

»Ich hatte nie Zeit, krank zu sein.« Auch jetzt, im Ruhestand, könnte man sagen, fehlt ihm einfach die Muße dazu

Hinter dem SES, der 1983 gegründet wurde und seinen Hauptsitz in Bonn hat, verbirgt sich die Stiftung der deutschen Wirtschaft für internationale Zusammenarbeit. Sie ist eine gemeinnützige GmbH, die pensionierte Fachkräfte als Berater vermittelt und sie vor allem ins Ausland schickt. Dort unterstützen sie kleine und mittlere Unternehmen, aber auch staatliche Einrichtungen und Organisationen mit ihrem Wissen. Die Berater arbeiten ehrenamtlich, es gibt lediglich ein sehr bescheidenes »Taschengeld«, und natürlich werden die Kosten für Reise und Unterkunft bezahlt. Knapp 7500 solcher Senior-Experten führt der SES in seiner Kartei, und ihre Einsätze dauern meist ein paar Wochen, können sich aber auch auf ein halbes Jahr und mehr belaufen.

In China war Gerhard Görlitz 2002 beim ersten Aufenthalt drei Wochen lang, und gefragt war dort sein Know-how in Sachen Rindenkrankheiten bei Apfelbäumen. Ein Jahr später kehrte er nach China zurück, nun ganz in den Norden, an die Grenze zur Mongolei. Und 2004 reiste er erneut ins Reich der Mitte, um den Chinesen zu erklären, dass Nashi-Birnen unter anderen Bedingungen gelagert werden müssen als Birnensorten, die auf europäischen Plantagen gedeihen. Auch der Obstanbau hat offenbar seine kulturspezifischen Eigenheiten. Besonders hilfreich sind Senior Experten aus der ehemaligen DDR, wenn es um Einsätze in Osteuropa geht. Denn meistens verstehen sie die Sprache; vor allem sind sie oft deutlich besser mit der völlig veralteten Technik vertraut, die dort noch immer im Einsatz ist. So war der Aufenthalt in Moldawien für Gerhard Görlitz wie eine Zeitreise in die eigene Vergangenheit. »Die hatten dort Maschinen, die kannte ich noch aus der Zeit, als ich mit der Ausbildung fertig wurde.«

> **»Mir ist es wichtig, aktiv zu altern. Man darf sich im Ruhestand nicht aufs Sofa setzen, die Beine hochlegen, sondern man muss sich selbst bewegen«**

Und das ist immerhin über 45 Jahre her. Auch in Weißrussland, Armenien und Bulgarien hatte er es mit wenig fortschrittlichen Anbau- und Verarbeitungsmethoden zu tun.

Mit den zum Teil recht simplen Verhältnissen und den fremden Sitten hat er aber keine Probleme. Fast ein wenig stolz zeigt er Fotos von der in der Tat höchst primitiven Schlafstatt, die man ihm in Weißrussland zugewiesen hatte, oder von den recht urtümlichen sanitären Einrichtungen in der chinesischen Provinz Shaanxi. »Ich kann nicht in die Tschechei fahren und sagen, ich esse keine Knödel«, erklärt er exemplarisch seine Einstellung. »Was das Essen und solche Dinge angeht, bin ich sehr flexibel.« Einigermaßen trinkfest zu sein, ist ebenfalls nicht von Nachteil. »Obst nehmen die nur in flüssiger Form zu sich«, weiß er von seinem Aufenthalt in Moldawien zu berichten und meint damit nicht Fruchtsäfte, sondern Hochprozentiges. Doch ganz so spurlos gehen die Einsätze nicht an ihm vorüber. »Drei, vier Kilo verliert man schon pro Auslandseinsatz«, sagt er, aber aus Gerhard Görlitz' Mund klingt das nicht nach Strapaze, sondern nach einem willkommenen Nebeneffekt. Ein weiterer: Er nutzt die Einsätze, um die Länder ein wenig kennenzulernen und zu fotografieren. Ein ganzer Stapel Fotoalben liegt vor ihm auf dem Tisch, für jeden Einsatz eines. In China stand er schon auf der Großen Mauer, hat der Terrakotta-Armee ins Auge geblickt. Einen weiteren Einsatz dort wünscht er sich freilich noch, denn er will unbedingt den alten Kaiserpalast besuchen. Das nächste Obstabenteuer steht aber erst einmal in Äthiopien an, dort erhofft man sich von Gerhard Görlitz Rat in Sachen Himbeeren und Erdbeeren.

»Mir ist es wichtig, aktiv zu altern. Man darf sich im Ruhestand nicht aufs Sofa setzen, die Beine hochlegen und alles glauben, was im Fernsehen gesagt wird, sondern man muss sich selbst bewegen.« Noch immer fährt Gerhard Görlitz regelmäßig zu Fachtagungen ins benachbarte Erfurt, er bezieht weiterhin die einschlägigen Fachzeitschriften und schreibt selbst regelmäßig Fachartikel. »Am Ball bleiben« nennt er bescheiden, was jeden Bildungsminister in Begeisterung versetzen müsste. Gerhard Görlitz hatte sich schon während seines Berufslebens fortlaufend weitergebildet. Zu DDR-Zeiten hing in der Hochschule ein Spruch von Lenin, den er sich offenbar zu Herzen genommen hat: »Jeder muss lernen, sein ganzes Leben lang zu lernen und sich ständig weiterzubilden.« Das »Lifelong Learning«, wie es heute allerorten vehement propagiert wird, scheint also nicht die allerneueste Erfindung zu sein. »Man hat das Gefühl, dass man gebraucht wird, was ja hier nun nicht der Fall ist«, sagt Gerhard

»Ich will Menschen die Natur nahebringen«

Görlitz, und ein wenig Befremden und Ratlosigkeit schwingen in diesem Satz durchaus mit. Das Motto, unter das der SES seine Arbeit stellt – »Zukunft braucht Erfahrung« –, scheint seltsamerweise fürs Inland nicht oder nur in geringem Maße zu gelten. Das ist jammerschade, denn Gerhard Görlitz bei seinen Ausführungen über die Natur und ihre Nutzung zu lauschen, bildet ungemein.

Er gesteht, dass er selbst eher konservativ denkt: »Man sollte möglichst viel der Natur überlassen. Aber um die industrialisierte, intensive Landwirtschaft kommt man heute nicht mehr herum.« Und fasziniert hört man zu, wenn er in seinem gemütlichen thüringischen Tonfall erklärt, warum der großflächige Rapsanbau dem Obstanbau schadet, warum eine lukrative Ernte sogar hierzulande nicht ohne künstliche Zusatzberegnung denkbar ist und warum Früchte umso stärker ausfärben, je größer der Temperaturunterschied zwischen Tag und Nacht ist. »Ich will Menschen die Natur nahebringen«, sagt Gerhard Görlitz in all der Bescheidenheit, die ihm eigen ist. Immerhin gibt es inzwischen fünf Enkelkinder, die vom Großvater von klein auf in die Geheimnisse der Pflanzenwelt eingeweiht werden. Vielleicht fällt die gesammelte Erfahrung dieses langen Lebens auch hier auf fruchtbaren Boden.

Mistress Petra
Heilbronn

So unterschiedlich unsere Lebenswege auch sein mögen – fast immer spielen Liebe und Geld eine tragende, manchmal entscheidende Rolle. Das gilt auf bezeichnende Art auch für Mistress Petra. Ein Ereignis hat sich besonders fest in ihrem Gedächtnis verankert: Weihnachten 2004, »der absolute Tiefpunkt in meinem Leben«. Sie hatte sich allein zu Hause »verbarrikadiert«, fühlte sich leer und verzweifelt, ausgelaugt nach jahrelanger harter Arbeit und enttäuscht vom beruflichen Scheitern. Im Fernsehen sah sie dann die schrecklichen Bilder von der Tsunami-Katastrophe in Südostasien. In den Tiefen des Ozeans vor der Küste Sumatras hatte ein Seebeben eine gigantische Flutwelle ausgelöst, die 300 000 Menschen mit in den Tod riss. Angesichts des furchtbaren Leids dachte Mistress Petra: »Die hatten gar keine Chance, ob sie wollten oder nicht. Da werde ich doch nicht aufgeben. Ich kann und werde weitermachen.«

An Willenskraft hat es ihr noch nie gemangelt. Schließlich hatte sie 18 Jahre lang erfolgreich ein Immobilienbüro in Baden-Württemberg geführt. Weil alles so gut lief, entschloss sie sich, auch noch ein Hotel mit 100 Betten zu übernehmen. Bei der Erinnerung an ihren Wagemut muss die schlanke Rothaarige lachen. »Ich war so sehr von mir überzeugt«, und fügt hinzu: »Das bin ich übrigens immer noch.« Aber sie hatte sich überschätzt – das Hotel schrieb rote Zahlen. Bald benötigte sie von den Banken einen Kredit in fünfstelliger Höhe. Sie bekam ihn nicht. »Vor Wut wäre ich am liebsten auf einen Baum geklettert!« Doch es half alles nichts – Insolvenz und Offenbarungseid folgten. Seither ist Mistress Petra überzeugt: »Für die Banken gilt nicht das Engagement, sondern nur das Alter. Und wenn Sie ein bestimmtes Alter erreicht haben, spielen die nicht mehr mit.«

Mistress Petra, geboren 1944 in der Nähe von Stuttgart, arbeitete 18 Jahre lang als Immobilienmaklerin und Hotelbesitzerin, bis sie Insolvenz anmelden musste. Seit 2005 ist sie als Domina tätig, unter anderem im Studio Labyrinth in Hamburg.

Mistress Petra war ihr Leben lang »ein Arbeitstier« und nie krank, weil ihr selbst dafür die Zeit fehlte. Nach dem wenig erbaulichen Weihnachten 2004 nahm sie einen Ein-Euro-Job an, der körperlich viel zu anstrengend war für die damals 60-Jährige. Eine Ärztin riet ihr dringend aufzuhören. Das tat sie und kündigte. Doch bereits im Februar 2005 türmten sich wieder unbezahlte Rechnungen in ihrem Briefkasten. In ihrer Not bat sie ihren damaligen Partner um 200 Euro. Als er mit der Begründung ablehnte, er sei gerne ihr Sklave, ganz sicher aber nicht ihr Geldsklave, trennte sie sich von ihm. Vier Jahre hatte diese höchst ungewöhnliche und für ihr Leben wegweisende Beziehung gedauert.

Angefangen hatte alles im Internet, auf den Seiten einer ganz gewöhnlichen Kontaktbörse. Er schrieb: »So eine Frau habe ich schon lange gesucht. Sie sind die Herrin, die ich brauche. Darf ich der Sklave der Herrin sein?« Als Mistress Petra diese Zeilen las, schoss ihr als Erstes durch den Kopf: »Der spinnt ja total.« Zugleich spürte sie aber, dass dieser Mann intelligent war, Stil hatte, es ernst meinte. Das weckte ihre Neugier. Sie ging auf das Wagnis ein: »Den lasse ich mal kommen.« Die erste Begegnung erlebte sie als romantisch, fremd und irre. Er eilte ihr voraus, um Türen zu öffnen. Er kämpfte sich durch ein Meer von Brennnesseln, um die einzige Mohnblume weit und breit für sie

»Ich bin in die Rolle der Herrin hinein-gewachsen, weil ich neugierig war«

zu pflücken. Dann warf er sich vor ihr auf die Knie: »Das ist mein erstes Geschenk an die Herrin.« Sie war fasziniert – und zutiefst irritiert. »Für mich waren Leute, die auf SM standen, pervers und verrückt.« Dennoch ging sie den entscheidenden Schritt. Ihre Antwort an den neu in ihr Leben getretenen Mann lautete: »Für mich ist das total fremd, aber ich lasse mich darauf ein. Wenn nichts daraus wird, seien Sie mir bitte nicht böse.« Der Mann – »älter, imposante Erscheinung, sonore Stimme, interessanter Beruf« – besaß allerdings ein Handicap. Er war verheiratet. Erstaunlicherweise war seine Frau tatsächlich damit einverstanden, dass er als Sklave Zeit mit einer anderen verbrachte.

Wenn Mistress Petra heute entspannt auf dem Sofa ihrer Dachwohnung sitzt und davon erzählt, blitzen ihre graublauen Augen auf. In ihrem weichen schwäbischen Tonfall bekennt sie: »Ich bin in die Rolle der Herrin hineingewachsen, weil ich neugierig war. Und weil ich immer deutlicher gespürt habe, dass es mir Spaß macht und mich sogar erfüllt.« So erstaunlich sie selbst das auch immer noch findet: Erst im Zusammensein mit diesem Mann erkannte sie, dass sie in ihrem Selbstbild einen blinden Fleck von zentraler Bedeutung bislang schlichtweg übersehen hatte. »Vielleicht wäre manches in meinem Leben anders verlaufen, wenn ich früher gewusst hätte, dass ich dominant bin. Ich hätte ganz anders handeln können.« Aber sie wuchs in einem strengen Elternhaus auf, das auf Bedürfnisse und Gefühle wenig Rücksicht nahm. »Ich war nie freundlich zu mir selbst. Ich habe mich nicht als dominant empfunden, weil

»Vielleicht wäre manches in meinem Leben anders verlaufen, wenn ich früher gewusst hätte, dass ich dominant bin«

ich vor lauter Arbeit gar nicht über mich selbst nachgedacht habe.« Früher - auch als Chefin - hatte sie lediglich das Gefühl, zu tun, »was halt getan werden muss«. Heute weiß Mistress Petra: »Ich sage, wo's langgeht.«

Zwei gescheiterte Ehen liegen hinter ihr. »Mein letzter Ehemann hat es nicht verkraftet, dass ich erfolgreicher war als er.« Sie konnte aber im Grunde nicht begreifen, warum die Ehe in die Brüche ging, und suchte eine Therapeutin auf. Die gab ihr mit auf den Weg: »Sie werden immer die gleichen Leute anziehen, wenn Sie sich nicht hundertprozentig ändern.« Danach stand für Mistress Petra fest: »Das passiert mir nicht noch einmal.« Inzwischen lebt sie alleine, seit nun 15 Jahren. Einen - verheirateten - Mann gibt es zwar wieder in ihrem Leben. Sie legt aber Wert auf die Feststellung, dass das keine SM-Beziehung ist. Nur - passen Liebe und diese Form der Triebe überhaupt zusammen? Und was genau versteht sie unter SM? Mistress Petra definiert Sadomasochismus als »eine Spielvariante von Zuneigung«. Oft kommen verheiratete Männer zu ihr. Manchmal wissen die Frauen Bescheid, meistens sind sie ahnungslos - »weil die Ehemänner sich nicht trauen, über ihre extremen Sehnsüchte zu sprechen, geschweige denn, sie zu leben.« Der jüngste »Gast« - so nennt sie ihre Kunden - war 28. »Viele sind aber auch deutlich älter.« Sie kommen oft aus angesehenen Berufen, sind Anwalt, Arzt oder in einer Führungsposition tätig. »Einer war Vorgesetzter von 3000 Mitarbeitern und hatte viel Macht. Plötzlich wünschte er sich aber, auch mal machtlos zu sein, und zwar ganz und gar. Und mich freut es, wenn ich jemandem diesen Wunsch erfüllen und ihn glücklich heimschicken kann.«

Das Alter ist - anders als in ihrem früheren Leben - in ihrem jetzigen durchaus von Vorteil. Ja, sie ist sogar gerade deswegen besonders gefragt. Sadomasochismus lebt von Rollenspielen. Mistress Petra spielt immer wieder die Erzieherin, die strenge Tante oder die Schulrektorin. Offenbar tut sie dies so erfolgreich, dass sie beim Thema Geld nur herzlich lacht - und ziemlich entspannt wirkt.

Der Garten der Lüste und der Eros haben die Menschen schon immer fasziniert. Wohl auch deshalb, weil der Wollust zu allen Zeiten ein schlechter Ruf anhaftete. Wer moralische Schranken hinter sich lässt, um sich dem Verlangen und den Lüsten hinzugeben, wird gerne kritisch beäugt. Das wusste schon im 18. Jahrhundert der französische Romancier Marquis de Sade, Namensgeber des Sadismus: »In Kleinigkeiten wundern wir uns nicht über

»Mein letzter Ehemann hat es nicht verkraftet, dass ich erfolg- reicher war als er«

»Ich bin einen ungewöhnlichen und radikalen Lebensweg gegangen, der manche Menschen einfach überfordern muss«

die Geschmacksunterschiede, sobald es sich aber um Wollust handelt, geht der Lärm los.« Wenn sich zur Wollust dann noch dunkle Abgründe und Formen extremer Lust gesellen, fallen die Reaktionen mitunter umso heftiger aus. Das musste auch Mistress Petra akzeptieren. Einer ihrer Brüder hat den Kontakt abgebrochen, ein weiterer gestand ihr offen sein Unbehagen: »Also weißt du, ich mag das nicht, was du machst. Kannst du das nicht lassen?« Das einzig positive Echo kam von der älteren Tochter, die als LKW-Fahrerin arbeitet und mit einem 40-Tonner quer durch Europa fährt. Sie lachte, als sie vom neuen Betätigungsfeld der Mutter erfuhr: »Ach Mutti, du bist irre!« Mistress Petra muss selbst schmunzeln, wenn sie das erzählt. Sie weiß: »Ich bin einen ungewöhnlichen und radikalen Lebensweg gegangen, der manche Menschen einfach überfordern muss.« Sie hat in den Augen vieler den Pfad der Bürgerlichkeit verlassen. Vielleicht ist sie aber auch einfach nur einen mutigen Schritt weiter gegangen, mitten hinein in die tabuisierten Bereiche, die gleich unter der Oberfläche des »Normalen« schlummern. Doch ganz gleich, wie andere darüber denken: Sie hat für sich ihren Platz gefunden.

Joachim und Ulrike Schnell
Melsungen

Ob *Die Erde von oben,* *Deutschland von oben* oder *Hessen von oben* – Bildbände mit Ansichten aus der Vogelperspektive erfreuen sich seit einigen Jahren sehr großer Beliebtheit. In einer Welt, in der wir uns in komplexen Details verlieren, scheint allmählich wieder der grundlegende Überblick gefragt zu sein. Vielleicht sehnen sich die Menschen aber auch danach, Altbekanntes so zu sehen, wie sie es bisher noch nie gesehen haben. Für Joachim Schnell hieß der Appetithappen jedenfalls »Melsungen von oben«. »Es gibt eine Verführung, die da heißt Schnupperkurs«, sagt der 73-Jährige. Einen solchen hatte er geschenkt bekommen von seiner Frau, einzulösen bei der Ultraleichtflugschule in Kassel-Calden. Ziel des ersten Flugs war natürlich das südlich von Kassel gelegene Fachwerkstädtchen, in dem Joachim Schnell seit den 60er Jahren mit seiner Familie lebt. »Und dann ist man eigentlich geliefert, es sei denn, man verträgt das Fliegen nicht.«

Joachim Schnell hat einen angenehmen Hang zum Understatement: Den eigenen, meist durchaus nicht unbeträchtlichen Anteil an Erfolgen redet er gerne klein. Um mit 68 Jahren den Pilotenschein anzustreben, braucht es ein bisschen mehr als nur fehlendes Übelkeitsgefühl. Ohne Freude an technischen Sachverhalten, Lust an Theorie und Lernen und natürlich ohne eine robuste Gesundheit hätte der Weg zum Pilotenschein schnell in eine Sackgasse gemündet.

Vom Fliegen hatte Joachim Schnell schon als Kind geträumt. Aber selbst ein Flugzeug zu steuern? Der Traum blieb vorerst ein Traum. Realität waren ein Studium der Chemie samt Promotion und eine beachtliche Karriere in der Firma B. Braun Melsungen AG, einem weltweit erfolgreichen Unternehmen im Bereich der Medizintechnik – zunächst in der Forschungsabteilung, schon bald in den oberen Managementtetagen, schließlich im Vorstand. Als er im Jahr 2000 schließlich den Lebensabschnitt »Ruheeintrittsalter« erreicht hatte, war er vielleicht auch ein wenig erleichtert, die enorme Verantwortung, die vielen Reiseverpflichtungen und den Druck des

Joachim Schnell, geboren 1935, ist promovierter Chemiker und war bis 2000 im Vorstand der Firma B. Braun Melsungen AG beschäftigt. Seine Frau Ulrike, Jahrgang 1943, arbeitete bis vor kurzem in einem Kasseler Klinikum als Anästhesieärztin. Beide sind in zahlreichen Ehrenämtern aktiv.

»Ich habe immer noch ein Büro, in dem ich jeden Morgen der häuslichen Idylle entfliehen kann«

Terminkalenders hinter sich lassen zu können. Trotzdem ist er dem Unternehmen in verschiedenen Funktionen bis heute verbunden. »Und ich habe immer noch ein Büro, in dem ich jeden Morgen der häuslichen Idylle entfliehen kann.«

Schon einige Jahre vor dem Ruhestand hatte sich Joachim Schnell einen Flugsimulator zugelegt, um zumindest per Trockenübung abzuheben. Dass es in seinem Fall nicht dabei geblieben ist, hat selbstredend auch damit zu tun, dass er sich den Erwerb einer Fluglizenz leisten konnte. Einige tausend Euro kostete allein die erste Stufe, der »Luftfahrerschein für Luftsportgeräteführer«, wie das hochoffiziell in schönstem Beamtendeutsch heißt. Diesen hielt er 2003 endlich in Händen, und drei Jahre später folgte dann die PPL-A, die Privatpilotenlizenz. Mit ihr darf der Luftfahrzeugführer einmotorige Flugzeuge innerhalb Europas fliegen.

Joachim Schnell ist ein ruhiger Mensch, der große Umsicht ausstrahlt. Seine deutlich energischere Frau wusste seinen vertrauenswürdigen Fahrstil schon bei früheren Motorradausflügen zu schätzen und hatte deshalb keinerlei Bedenken, sich vom frischgebackenen Piloten durch die Lüfte chauffieren zu lassen. Auf die Nordseeinseln sind sie gemeinsam geflogen, an die Ostseeküste und nach Rügen, und manchmal geht es einfach nur zum Kaffeetrinken nach Eisenach. Melsungen liegt schließlich in der Mitte Deutschlands – welcher Ausgangspunkt wäre besser geeignet, um das Land von oben zu erkunden? Die Luftreisen mit ihrem Mann weckten bald bei Ulrike Schnell das Interesse, nicht nur mit-, sondern auch selbst zu fliegen. Sie wird demnächst ebenfalls im Besitz einer Lizenz für das Ultraleichtflugzeug sein.

Die intensive Ausbildung – neben der Praxis viel theoretisches Wissen über Wind, Wetter und Maschine sowie Regeln des Funkverkehrs – haben beide ohne Probleme absolviert, obwohl sie in der Gruppe jeweils die mit Abstand Ältesten waren. Die meisten Aspiranten sind zwischen 20 und 40. »So einen alten Knacker wie mich hatten die noch nie«, meint Joachim Schnell trocken. Die größte Hürde ist seither die jährlich anstehende medizinische Prüfung. »Natürlich will ich sie immer bestehen, aber ich werde eben nicht jünger. Ich werde deshalb nicht traurig sein, wenn's nicht mehr geht«, nimmt er sich vor. Eine eigene Maschine besitzen die Schnells ohnehin nicht. »Angesichts der nordhessischen Witterungsverhältnisse lohnt das nicht. Denn wir dürfen nur unter Sichtflugbedingungen fliegen, nicht einmal durch die Wolkendecke hindurch.« Die himmelblauen Tage, an denen das problemlos möglich ist, sind seltener, als der Laie glauben mag.

»In diesem Augenblick lässt sich erahnen, warum das Fliegen ein uralter Menschheitstraum ist«

Zu den oft bemühten Gemeinplätzen, wenn es um die Faszination des Fliegens geht, gehört Reinhard Meys Lied von der »Freiheit«, die »über den Wolken wohl grenzenlos sein« muss. Der Liedermacher ist selbst begeisterter Hobbyflieger. Gerade deshalb ist es erstaunlich, dass er das Freiheitsempfinden erst dort oben ansiedelt. Das Loslösen von allen Bindungen beginnt schließlich schon zu dem Zeitpunkt, da die Maschine den Boden verlässt. Für Joachim Schnell ist der schönste Moment mithin auch der des Abhebens: »Wenn man eine gewisse Geschwindigkeit erreicht hat und am Knüppel zieht, und es geht nach oben – in diesem Augenblick lässt sich erahnen, warum das Fliegen ein uralter Menschheitstraum ist.«

Die Landung hingegen erweist sich als schwierigster Teil der Prüfung. »Fliegen ist Landen«, zitiert Joachim Schnell eine alte Pilotenweisheit und gesteht, dass es einige Zeit dauert, bis man das richtige Gefühl entwickelt hat, um einigermaßen sanft aufzusetzen. »Das kann man nicht wirklich lernen«, ergänzt seine Frau, »man muss sich das erfliegen.« Jede Landung ist anders: Windverhältnisse und Anflugwinkel sind niemals gleich, und am schwierigsten ist es, wenn man einen Flugplatz zum ersten Mal ansteuert. »Ich bin froh, wenn ich wieder unten bin«, sagt Joachim Schnell und lacht. Er weiß, das klingt bei ihm ausnahmsweise einmal dramatischer, als es in Wirklichkeit ist.

Und die Zeit zwischen Start und Landung? »Manchmal ist es fast ein wenig zu gemütlich, stundenlang nur geradeaus«, sagt Joachim Schnell mit einem Augenzwinkern. »Nein, im Ernst: Fliegen ist immer mit hoher Konzentration verbunden.« Funkverkehr, Navigation und vor allem die Orientierung verlangen ständige Aufmerksamkeit. »Viele Sachen kann man nicht üben, aber man muss wissen, was man zu tun hat«, fügt Ulrike Schnell hinzu und meint damit all die kritischen Momente, die man im Kopf schon oft durchgespielt hat, aber nach Möglichkeit natürlich in der Praxis nie erleben möchte. Die Anästhesieärztin, inzwischen ebenfalls im Ruhestand, weiß aus ihrem Berufsleben noch genau, was es bedeutet, als Fallschirmspringer oder Drachenflieger vom Himmel zu fallen.

Und wie ist er nun, der Blick auf die Erde von oben? »Ganz für sich zu sein und zu sehen, wie wunderbar sich die Ortschaften zusammenfügen, wie die Natur ein harmonisches Ganzes bildet – das ist etwas unglaublich Faszinierendes.« Und er fügt hinzu: »Besonders schön ist es im Frühsommer, wenn die Rapsfelder blühen.« Flüsse, Seen, Dörfer – selbst die scheinbar bekannte Umgebung im nordhessischen Land sieht, losgelöst von der Erde, plötzlich ganz anders aus. »Man hat in der Luft eine ganz andere Orientierung – grundverschieden von dem, was man am Boden kennt«, sagt

>>Ganz für sich zu sein und zu sehen, wie wunderbar sich die Ortschaften zusammenfügen, wie die Natur ein harmonisches Ganzes bildet – das ist etwas unglaublich Faszinierendes<<

Ulrike Schnell. Ohne GPS könne man sich sogar im dichtbesiedelten Deutschland verfliegen.

Dass diese Über-Flieger den irdischen Verhältnissen jedoch keineswegs entrückt sind, zeigt das vielfältige gesellschaftliche und kulturelle Engagement der Schnells. Ob Musikveranstaltungen, Stiftungen oder gemeinnützige Organisationen – für beide sind ehrenamtliche Tätigkeiten selbstverständlich. Ihr jüngstes Projekt verbindet das Hobby mit der Historie und widmet sich dem Fieseler Fi 156, auch >>Storch<< genannt. Diese legendäre Maschine, die erstmals 1936 zum Einsatz kam und im Zweiten Weltkrieg vor allem als Sanitäts- und Beobachtungsflugzeug diente, wurde jahrelang in Kassel produziert. Als die Stadt Kassel ihr letztes Exemplar des >>Storchs<< einem Berliner Museum verkaufen wollte, organisierte sich 2005 kurzerhand ein Verein. Sein Ziel ist es, das marode Flugzeug zu restaurieren und mit diesem >>fliegenden Museum<< an die maßgebliche Techniktradition in Nordhessen zu erinnern. Der >>Kasseler Storch<< stammt übrigens passenderweise aus dem Jahr 1943, in dem auch Ulrike Schnell geboren wurde. Pilot und Kopilot für den zweiten Jungfernflug dürften damit feststehen.

Von der Erfüllung eines süßen Traums

Giuseppina Ehmann
Heidelberg

Diese Stimme! Sanft ist sie und jung, fast mädchenhaft. Dazu ein entzückender italienischer Akzent, der noch die tänzerischen Pirouetten der italienischen Sprachmelodie erkennen lässt. Giuseppina Ehmann setzt ihre Worte sorgfältig, manchmal behutsam, dann wieder impulsiv. Sie ist in Parma groß geworden, einer Stadt des kulinarischen Hochgenusses. Ihre Eltern besaßen dort ein Lebensmittelgeschäft, mit all den Verlockungen der italienischen Küche. Aber Giuseppina war als Mädchen »klein, dürr und noch dazu ein Gassenkind«. Die Sonne brannte von Anfang Mai bis Ende Oktober vom Himmel, und so nahm die Haut des Kindes einen immer dunkleren Ton an. Die Nachbarn nannten sie deshalb bald nur noch »stecca di cioccolata« – »Schokoriegel«. Heute schmunzelt die 68-Jährige darüber: »Alles im Leben hat einen Zusammenhang.«

Ihre kleine Chocolaterie St. Anna, die nach der gleichnamigen Gasse benannt ist, fällt auf in der Heidelberger Innenstadt. Ringsum vollzieht sich gerade die für deutsche Fußgängerzonen typische Uniformierung: überall die gleichen Filialen der großen Ketten, ob sie nun Starbucks, H&M oder Vodafone heißen. Auf den Treppenstufen vor der Chocolaterie hingegen hat jemand liebevoll Rosenblüten ausgestreut. Drinnen sind die Wände in warmen Farben gestrichen, an der Decke hängt ein Kristallleuchter, und in der Luft schwebt ein zartes Duftgemisch aus Espresso, Kakao und Vanille. Wenn die handbemalte Registrierkasse ein fast schon vergessenes Rattern von sich gibt und gleich darauf ein altmodisches Telefonklingeln ertönt, fühlt man sich endgültig in die »gute alte Zeit« zurückversetzt. Mittendrin in dieser Zeitmaschine steht Giuseppina Ehmann. 1,47 Meter ist sie groß, in den letzten Jahren ist sie um sieben Zentimeter geschrumpft. »Ich merke es daran, dass ich nicht mehr überall hinkomme und mich unheimlich strecken muss.« Sie trägt ein schwarzes Kostüm, das an den Nähten mit kirschroten Paspeln versehen ist, und dazu die passenden Ohrclips. Wie hingegossen passt sie in ihren Laden, mit dem für sie ein Traum in Erfüllung gegangen ist.

Giuseppina Ehmann, geboren 1940 im italienischen Parma, lebt seit 1961 in Heidelberg. Mit 65 Jahren wurde ein langgehegter Traum wahr: Sie eröffnete ihr eigenes Geschäft. Die Banken glaubten nicht an ihre Idee, und sie musste ihr Erspartes einsetzen.

Giuseppina Ehmann weiß auf den Tag genau, wann sie nach Deutschland kam: am 10. Dezember 1961. Denn zwei Tage später gab sie ihrem Verlobten das Ja-Wort. Die beiden hatten sich sechs Jahre zuvor in Parma kennengelernt. Er sprach die 15-Jährige an einer Straßenbahnhaltestelle an und fragte nach dem Weg. Sie begleitete ihn ein Stück, und weil die beiden am Haus ihrer Familie vorbeikamen, war die

»Alles im Leben hat einen Zusammenhang«

Adresse kein Geheimnis mehr. Erst traf eine Postkarte aus Deutschland ein, dann ganz romantisch ein Brief, dem noch viele folgen sollten, und sechs Jahre später stand sie in Heidelberg. Sie kümmerte sich um den Haushalt, bekam zwei Söhne und arbeitete 40 Jahre im Familienbetrieb, einem Friseursalon mit angeschlossener Parfümerie, als »Mädchen für alles«. Mit 62 Jahren zog sie sich zurück. Sie verbrachte ein Jahr zu Hause und wurde immer unglücklicher: »Ich habe versucht, Rentnerin zu sein. Aber ich fühlte mich eingesperrt, gerade so, als ob ich etwas verbrochen hätte.« Sie spürte einen Drang in sich, den sie nicht ignorieren konnte, und sie wusste: »Ich muss etwas machen, und wenn ich mit einem Bauchladen in der Fußgängerzone Schnürsenkel verkaufe.«

Sie versuchte ihr Glück bei Heidelberger Geschäftsinhabern, die einst von ihrer Einsatzbereitschaft und ihrem Verantwortungsgefühl begeistert waren. Aber an frühere Offerten wollten sie sich nun nicht mehr erinnern. Beim Erzählen changieren die ohnehin schon dunklen Augen der kleinen zierlichen Dame fast ins Schwarze: »Das hat mich tief verletzt, dass die nichts mehr von mir wissen wollten.« Aber das war noch lange kein Grund für Giuseppina Ehmann, den Kopf in den Sand zu stecken. »Niederlagen kann es geben. Aber dann muss man wieder aufstehen. Im Leben gibt es keine Garantie.«

Schon bald hatte sie mehrere eigene Geschäftsideen im Kopf. Klar war, dass sie mit »sinnlichen« Produkten arbeiten wollte. Und Schokolade zu verkaufen, erschien ihr am naheliegendsten. Sie beantragte einen Gewerbeschein, las alles zum Thema Schokolade, was es gab, und fuhr von einer Süßwarenmesse zur nächsten. Als sie dann einen Kredit aufnehmen wollte, stieß sie jedoch auf Skepsis, ja Unverständnis. »Wie wollen Sie das absichern?«, hieß es. Und: »Wäre es nicht besser, Sie würden sich mal ausruhen und Ihren Lebensabend genießen?« Das Problem für die Banker: Sie hatte keinen Businessplan. »Ich habe es einfach nicht geschafft, so etwas wie eine ausgefeilte Geschäftsstrategie zu formulieren. Woher hätte ich die Zahlen auch nehmen sollen?« Stattdessen hatte sie nur Zeichnungen, wie ihr Laden aussehen sollte – ein schwaches Argument gegenüber Menschen, die vornehmlich in Kategorien von Risiko

»Ich habe viele
Dinge geschafft,
bei denen die
Welt dagegen war.
Und ich dachte
mir im Stillen immer:
Ihr werdet schon
noch sehen«

und Ertrag denken. Zum ersten Mal wurde ihr bewusst, dass sie mit nunmehr 65 Jahren möglicherweise doch nicht mehr ganz jung war. Schließlich sagte sie: »Gut, dann nehme ich eben mein Geld.« Sie hatte 100 000 Euro gespart, und die setzte sie kurzerhand ein. Die einen nannten ihre Geschäftspläne »unanständig«, die anderen waren begeistert. Und das Risiko? Sie schüttelt verständnislos, fast mitleidig den schwarzen Lockenkopf. »In Deutschland muss immer alles abgesichert sein. Schauen Sie doch, wie viele Versicherungen die Deutschen haben.« Aber Giuseppina Ehmann ist zäh. Und sie ist unerbittlich. »Ich habe viele Dinge geschafft, bei denen die Welt dagegen war. Und ich dachte mir im Stillen immer: Ihr werdet schon noch sehen.« Die Geschäftsgründung war für sie wie eine Neugeburt. Ohne ihre »Schutzengel«, allen voran natürlich ihr Mann, hätte sie es allerdings nicht geschafft. So stammt das Design für den Laden von einem begnadeten Menschen, dessen Arbeitsmotto lautet: »›Geht nicht‹ gibt's nicht.« Und eine ältere Dame nimmt ihr die Qual der Buchhaltung ab. Insgesamt hat sie inzwischen zehn Angestellte, die alle auf 400-Euro-Basis bei ihr arbeiten.

Giuseppina Ehmann hat – wen wundert's – eine besondere Beziehung zur Schokolade. Versprochen wurde ihr die süße Versuchung in der Kindheit nur, wenn sie brav war – »also selten«, wie sie trocken anfügt. Sonntags immerhin überwand sie sich und aß artig ihre Suppe bis zum letzten Löffel auf. Das konnte allerdings »stundenlang dauern, weil ich schon immer sehr langsam gegessen habe«. Am Nachmittag durfte sie sich dann zur Belohnung ein Stück Schokolade in einer Konditorei aussuchen. Heute probiert sie immer alles, aber »weniger ist mehr, auch bei Schokolade«. Giuseppina Ehmann hat durchaus einen Humor, der fast so trocken ist wie die Schokolade mit 100 Prozent Kakaoanteil, die sich ebenfalls im Regal findet. Ohne mit der Wimper zu zucken meint sie: »Davon essen Sie sicher nicht zu viel.« Fastenschokolade sozusagen.

Ihre Kunden behandelt Giuseppina Ehmann mit fast schon altmodischer Höflichkeit und echter Herzlichkeit. »Schön, dass Sie wieder da sind«, sagt sie zu einem Herrn mittleren Alters, der sich »Absinth-Schokolade, wie immer« wünscht. Sie schließt hinter jedem Kunden persönlich die Tür, ohne dass das aufgesetzt oder gar devot

»Arbeit ist Leben
für mich und keine
Last. Es ist doch
toll, wenn man sich
verausgaben kann«

wirkt. Eine ältere Dame ist im Laden, ebenfalls nicht zum ersten Mal. Vor ihr steht eine Trinkschokolade nach Rezept des Hauses, daneben liegt ein luftig-rosiges Löffelbiskuit *à la française*. Allein schon beim Anblick dieser wundervollen Kombination beginnt

»Niederlagen kann es geben. Aber dann muss man wieder aufstehen. Im Leben gibt es keine Garantie«

das Gehirn, in Glückshormonen zu schwelgen. Die Stammkundin lächelt, wirft Giuseppina Ehmann einen liebevollen Blick zu und sagt: »Gewisse Dinge kann man nicht lernen, die hat man im Blut.«

Die Chocolaterie ist sieben Tage die Woche geöffnet. »Arbeit ist Leben für mich und keine Last. Es ist doch toll, wenn man sich verausgaben kann. Ich bin mir für keine Arbeit zu schade, wenn ich das bewältigen kann.« Dennoch: Ohne die tatkräftige Hilfe ihres Mannes wäre das Pensum nicht zu schaffen. Wenn Giuseppina Ehmann einmal nicht im Laden steht, kann sie sich stundenlang in Wörterbüchern verlieren. Mit Hingabe schmökert sie in der Zauberwelt der Vokabeln, ihrer Bedeutung und ihrer Herkunft. Sie sagt: »Heute denke ich deutsch und fühle italienisch.« Gibt es ein Wort, für das sie bislang keine Übersetzung gefunden hat? Sie muss nicht lange überlegen. »Gemütlichkeit, das fehlt in meiner Muttersprache.« Sie ist also wohl doch geprägt von diesem Land, in dem sie seit fast 50 Jahren lebt. Denn wer die Chocolaterie St. Anna in Heidelberg betritt, erfährt sofort mit allen Sinnen, was dieses urdeutsche Wort »gemütlich« bedeutet. Es ist mehr als nur ein Gefühl des Wohlbehagens – in diesem Zustand stimmt einfach alles. Vielleicht, weil es von Herzen kommt.

Manfred Schnelldorfer
München

Er war zweifellos in guter Gesellschaft. Eine Woche zuvor, in Nr. 37, hatte Gitte
Hænning zuckersüß gelächelt, und in Nr. 39 hielt Claudia Cardinale dem Leser einen
Revolver vor die Nase. Dazwischen, in Nr. 38, schob sich Manfred Schnelldorfer auf
den Titel der Jugendzeitschrift *Bravo*. 1964 war das, und Schnelldorfer war damals
in mehrfacher Hinsicht ein Star. Wenige Monate vorher hatte er in Innsbruck den
Olympiasieg im Eiskunstlauf der Männer errungen, erkämpfte anschließend auch
noch den Weltmeistertitel, und nun war »Mister Doppelaxel«, wie man ihn wegen
seiner Sprungqualitäten nannte, unter die Schlagersänger gegangen. Mit dem Titel
»Wenn du mal allein bist« schaffte er es immerhin bis auf Platz 4 der deutschen Hitpa-
rade. In diesem Jahr, so schien es, gelang ihm alles.

Das eigentlich Erstaunliche an diesem *annus mirabilis* 1964 aber ist, dass
Manfred Schnelldorfer ausgerechnet zu diesem Zeitpunkt seine aktive Laufbahn als
Eiskunstläufer beendete – mit gerade einmal 21 Jahren. Er hatte tatsächlich schon
zehn Jahre Sportlerkarriere hinter sich, war 1956 als Zwölfjähriger erstmals deutscher
Meister geworden.

Es regnet in Strömen, als wir uns mit Manfred Schnelldorfer treffen, doch im Café
des Münchner Literaturhauses lässt sich das trübe Wetter schnell vergessen. Der
ehemalige »Adonis auf dem Eis« ist noch immer ein beneidenswert gutaussehender
Mann. Er sei mit seinen 65 Jahren unglaublich fit, »ohne dass ich etwas dafür tue«,
wundert er sich über sich selbst. Woher nahm er damals den Mut, im Zenit seiner
Karriere, einfach auszusteigen? »Ich wusste, ich bin jetzt an einem Punkt angelangt,
an dem ich nicht mehr steigerungsfähig bin. Und Stillstand ist Rückschritt. Ich hatte
das Maximale erreicht, was ich unter meinen Bedingungen
erreichen konnte, und dann ist es besser, abzutreten und
nicht als Geschlagener zu gehen.« Denn »Olympiasieger
bleibt man ein Leben lang«, während der Weltmeister irgendwann entthront wird. Die jüngere Konkurrenz drängte schon
mit Macht nach, »und ich wäre ja dann der Gejagte gewesen«.

Manfred Schnelldorfer, geboren
1943 in München, war insgesamt
acht Mal deutscher Meister im
Eiskunstlauf der Männer und ist
bis heute Deutschlands einziger
Olympiasieger in dieser Diszi-
plin. Heute ist er unter anderem
als Model und als Berater tätig.

So paradox es klingen mag: Mit Anfang 20 gehörte Schnelldorfer in seinem Metier schon fast zu den »Oldies«. Das Dogma des Jugendlichkeitswahns ist offenbar doch nicht erst eine Erfindung unserer Zeit.

Mitgenommen hat er einiges aus seinem Sportlerleben, nicht nur Erlebnisse und Anekdoten, sondern auch das, was man als »Haltung« bezeichnen könnte. »In diesem Sport lernt man zwei Dinge sehr schnell, und das ist auch fürs Leben ganz wichtig: Es muss noch lange nicht von allen Menschen honoriert werden, wenn man selbst glaubt, man sei der Beste; man muss deswegen noch lange nicht gewinnen.« Und: »Man muss wissen: Wie steht's um mich? Was kann ich noch leisten, was kann ich noch werden?«

Seiner strengen Stiefmutter, die ihn gemeinsam mit seinem Vater auch trainierte, hatte er versprochen, nicht bei Eisrevuen zu laufen. Das Milieu von Glamour und Kommerz war ihr suspekt; sie wollte, »dass ich den Sprung ins zivile Leben schaffe«. Statt also als Olympiasieger durch Eisstadien zu tingeln und viel Geld zu verdienen, schrieb er sich für Architektur ein, musste das Studium aber abbrechen, weil er eine Familie zu ernähren hatte. Später kehrte er zurück zum Eislauf, zunächst als Bundestrainer, lief dann beim »Deutschen Eistheater«, dieses Mal mit Billigung der Eltern, und war als Privattrainer tätig. Als Gerd Müller, der »Bomber der Nation«, 1981 nach Amerika ging, kaufte er ihm dessen Sportgeschäft in einem Münchner Vorort ab. 14 Jahre lang war er fortan sein eigener Herr, bis der veränderte Markt Antworten verlangte, die Manfred Schnelldorfer nicht geben konnte. Für einige Jahre gab er die Unabhängigkeit noch einmal auf, wurde Geschäftsführer eines Sportladens, ehe er dem Metier endgültig den Rücken kehrte und sein Hobby, die Fotografie, zum Beruf machte.

Manfred Schnelldorfers Lebensweg mit seinen vielen Neuanfängen und Richtungswechseln würde eigentlich gut nach Amerika passen statt in das auf Sicherheit und Geradlinigkeit bedachte Deutschland. Und auch mit seinem positiven Denken und seiner unverstellten Art wirkt er erfrischend unkonventionell. Ob er seine Wünsche im Leben verwirklichen konnte? Die Antwort ist ein eindeutiges Nein. Architekt sei er nicht geworden und Pilot auch nicht. Ersteres ist an persönlichen Umständen gescheitert, Letzteres an den biologischen. Als sich Manfred Schnelldorfer 1963 bei der Lufthansa bewarb, beschied man ihm, er sei mit seinen 1,88 Metern leider acht Zentimeter zu groß.

In einem seiner Bücher über das Eiskunstlaufen findet sich der schöne Satz: »Stürze sind ein Missgeschick, keine Tragödie. Nur sinkende Moral beeinträchtigt den Gesamteindruck.« Stürze

> **»Es muss noch lange nicht von allen Menschen honoriert werden, wenn man selbst glaubt, man sei der Beste«**

»Eisläufer laufen nicht gerade- aus und stehen deshalb nie für längere Zeit auf beiden Kanten«

gab es einige in Schnelldorfers Leben. Doch immer war er gleich wieder auf den Beinen, ohne die Zuversicht und das Selbstvertrauen zu verlieren. Nur 2003 hätte er es fast nicht mehr geschafft. In diesem Jahr starb seine Lebensgefährtin Claudia Schwarz mit gerade einmal 42 Jahren an Krebs. Knapp zwei Jahre waren sie ein Paar gewesen, sie hatte gemalt, er war ihr Manager gewesen. Es herrschte eine »tolle Harmonie«, es gab bereits einen Hochzeitstermin, doch plötzlich ging alles ganz schnell: Keine sechs Wochen nach der Diagnose verstarb seine große Liebe. Manfred Schnelldorfer stand mit einem Mal privat wie beruflich vor dem Nichts. Ein Jahr lang lebte er apathisch vor sich hin, fand kaum Kraft, sich abzulenken oder gar neue Ziele ins Auge zu fassen. In dieser schweren Zeit trennte sich auch im Freundeskreis die Spreu vom Weizen – viele sind nicht geblieben.

Aber irgendwann war sie dann doch wieder da, diese Energie, die ihm aus jedem Tal wieder hinaufgeholfen hat, auf lichtere Höhen der Moral. Woher er sie bezieht? »Ich hab diese Kraft einfach, vielleicht gibt es ein Gen in mir.«

Er hat jetzt wieder ein »Nest« gefunden, das er sein Leben lang immer gesucht und in seiner Jugend nie gehabt hat, einen Menschen, »den ich liebe und der mich liebt«. Er fotografiert, ist als Berater tätig und hat nun eine Seite von sich wiederentdeckt, die 40 Jahre eher im Verborgenen schlummerte. Als Eiskunstläufer sei man ein »Exhibitionist«, der sich »dem Publikum entblättern will« und seine Persönlichkeit aufs

»Man muss versuchen zu leben, egal wie die Umstände sind«

Eis bringt. Kamerascheu war Manfred Schnelldorfer noch nie, und so erscheint es fast logisch, dass er seit einiger Zeit auch als Model in der Werbebranche unterwegs ist. Ob eine Kampagne mit Kochtipps für Ältere oder Werbung für ein Seniorenheim – »Lebensfreude rüberzubringen« fällt ihm nicht schwer. Freimütig gesteht er, dass er arbeiten muss, um über die Runden zu kommen. München ist eine teure Stadt, und die finanziellen Reserven sind in der Zeit der Trauer dahingeschmolzen. Andererseits kann man sich den Mann, der einem da gegenübersitzt, nur schwer als Ruheständler vorstellen. Er klopft sichtlich empört auf den Tisch, wenn er vom Jugendlichkeitswahn in der Arbeitswelt spricht: »Mit 40 sind Sie alt, uralt.« Er versteht nicht, warum man die Ergänzung zwischen Alt und Jung nicht nützt, die Erfahrung der einen und den Innovationsgeist der anderen nicht zusammenbringt. Aber Manfred Schnelldorfer ist nicht der Mensch, der zu lange nachgrübelt über das, was nicht der Fall ist. »Man muss versuchen zu leben, egal wie die Umstände sind.« Glücklichsein sei ihm schon immer wichtiger gewesen, als einer finanziellen Absicherung hinterherzulaufen. »Auf ein Neues, jeden Tag«, das sei seine Lebensphilosophie.

Vor 25 Jahren hat Manfred Schnelldorfer ein sehr lesenswertes Buch über das Eislaufen veröffentlicht: *Traumnote sechs*. Gleich zu Beginn heißt es dort: »Das Eislaufen ist eine Folge von großen und kleinen Bögen. Besonders wichtig ist von Anfang an der Versuch, normale Schritte durch Bögen zu ersetzen. Eisläufer laufen nicht geradeaus und stehen deshalb nie für längere Zeit auf beiden Kanten.« In gewisser Weise gilt das auch für Schnelldorfers Leben. Und vielleicht schließen sich die vielen kleinen und großen Bögen dieses Lebens am Ende doch zu einem Kreis. Manfred Schnelldorfer jedenfalls setzt große Hoffnungen auf die laufende Bewerbung Münchens um die Olympischen Winterspiele 2018. Entschieden wird darüber 2011, und er würde »wahnsinnig gern« seinen Teil dazu beitragen, dass München als erste Stadt nach der Sommerolympiade auch Winterspiele ausrichten kann. Ein sehnsuchtsvolles Leuchten durchzieht seine Augen, wenn er davon spricht. Als würde er am liebsten sofort die Kufen unterschnallen und wieder loslaufen, mitten hinein in die Herzen der Zuschauer.

Vom Gewicht einer Idee,
die in die Welt getragen wird

Annemarie Dose
Hamburg

21 Gramm wiegt sie angeblich, die menschliche Seele. Diesen Durchschnittswert jedenfalls hat der amerikanische Arzt Duncan MacDougall 1907 ermittelt. In der Wissenschaft stand diese Theorie nie besonders hoch im Kurs, aber eine gewisse Faszination kann man ihr nicht absprechen. Denn die Seele entschwindet nach dem Tod eines geliebten Menschen ja nicht, sie ist das, was bleibt, das, was »Gewicht« hat. Diese »Seelennähe« spürt auch Annemarie Dose. »Mein Mann ist immer gegenwärtig. Ich habe das Gefühl, als hätte er mir seine Kräfte dagelassen. Und ich erwische mich sogar dabei, dass ich Dinge mache, wie er sie gemacht hat.«

Herbert Dose starb 1993, mit 69 Jahren, an Krebs. Für Annemarie Dose kam das einer »Katastrophe« gleich. Über 40 Jahre hatten sie ein wunderbares gemeinsames Leben gehabt, aber »ich war es überhaupt nicht gewohnt, allein für mich zu sorgen oder allein zufrieden zu sein«. Über ein Jahr dauerte die Trauerarbeit, und sie galt, wie das so ist, vor allem der eigenen Person. Dass man »alleine nachbleibt«, ist nicht so einfach zu verarbeiten. Doch dann kam ihr der Zufall zu Hilfe, wobei Annemarie Dose diesen eher für ein Pseudonym des lieben Gottes hält. Um die Stille des Alleinseins nicht mehr spüren zu müssen, liefen bei ihr zu Hause ausgiebig Fernseher und Radio. Irgendwann sah Annemarie Dose eine Sendung über die Berliner Tafel. Am nächsten Tag rief sie beim Sender an und machte sich sogleich auf den Weg nach Berlin. Zwei Tage später fing die 66-Jährige in Hamburg mit der Arbeit für »ihre« Tafel an.

Die Tätigkeit des eingetragenen Vereins beschreibt Annemarie Dose in ihrer unnachahmlichen Art kurz und bündig so: »Der eine hat Geld, der andere hat Zeit, der dritte hat Ware, und wir verknuddeln das.« Das maßgebliche Kapital der Hamburger Tafel ist eben nicht das große Geld: »Wenn man das macht, was wir machen, also etwas, das nicht gewinnorientiert ist, da finden Sie immer offene Hände, offene Ohren und offene Herzen.« Das Prinzip ist faszinierend einfach. Morgens sammeln rund 100 ehren-

Annemarie Dose, geboren 1928 in Meißen, gründete 1994 die Hamburger Tafel. Für ihr Engagement erhielt sie das Bundesverdienstkreuz und den Hamburger Bürgerpreis. 2002 wurde die Annemarie-Dose-Stiftung ins Leben gerufen.

amtliche Mitarbeiter bei Bäckereien, Supermärkten und Firmen übriggebliebene Lebensmittel ein, die andernfalls auf dem Müll landen würden. Diese Lebensmittel, aber auch andere Sachspenden werden dann im Laufe des Tages an verschiedene karitative Einrichtungen der Stadt verteilt. Der eherne Grundsatz dabei lautet: »Wir nehmen kein Geld, und wir bezahlen nichts.« Die Firmen sparen sogar noch Geld, weil sie ihre Reste sonst entsorgen müssten. »Wir sind Partner geworden«, sagt Annemarie Dose stolz, »keine Bittsteller«. Die laufenden Kosten werden aus Spendengeldern bestritten, für die Annemarie Dose, wie sie mit einem Lachen gesteht, noch immer »auf jede Hundehochzeit« geht.

Sie gibt freimütig zu, dass das Projekt aus purem Egoismus entstanden ist. »Ich wollte nur mich selbst in Arbeit bringen. Ich wusste: Ich muss mein Leben ändern, um überhaupt wieder einen Lebenssinn zu finden.« Finanziell war sie nach dem Tod ihres Mannes gut gestellt, was sie als »Gnade« empfindet, aber eben auch als Verpflichtung. Sich um andere zu kümmern, hat sie schon als kleines Mädchen gelernt. Am gelebten Beispiel der Großmutter, die eine Gastwirtschaft betrieb, prägte sich ihr der Grundsatz ein: »Wenn du besitzt, bist du verpflichtet abzugeben.« Anfang der 1930er Jahre war das, in der Zeit nach der Weltwirtschaftskrise, als noch Tippelbrüder durch die Lande zogen. Sie mussten Holz hacken, dann bekamen sie etwas zu essen: »Sie haben es sich verdient, in Würde, und mussten nicht betteln.« In der Dorfgemeinschaft war klar, dass die Bessergestellten für die, die nicht so viel hatten, in der Not sorgen würden. Annemarie Dose durfte schon damals Mitschüler zum Essen mitbringen: elf Stück, so viele fanden Platz am Stammtisch in der Gaststube.

> **»Ich wusste: Ich muss mein Leben ändern, um überhaupt wieder einen Lebenssinn zu finden«**

Jetzt erreicht sie mit ihrer Arbeit jeden Tag mehrere tausend Menschen. Am Anfang waren es vor allem Obdachlose und Drogensüchtige, die von der Hamburger Tafel unterstützt wurden; heute kommen deutlich mehr Familien, aber auch ältere Menschen in die Hilfseinrichtungen und in die sogenannten Läden ohne Kasse. Dort können sie für einen symbolischen Betrag einkaufen. »Ein Mensch, der seine Arbeit verliert, verliert den roten Faden«, weiß Annemarie Dose. Und wo das Geld knapp wird, wird als Erstes am Essen gespart. Die Menschen sollen aber nicht zu Almosenempfängern gemacht werden; nötig sei vielmehr Hilfe zur Selbsthilfe. Die Hamburger Tafel bietet jetzt auch Kochkurse samt Kochbuch an – um zu zeigen, dass man mit wenig Geld trotzdem gut kochen kann.

»Jeder gibt, was er kann« steht auf den Transportern der Tafel, die Tag für Tag in der Hansestadt unterwegs sind. Annemarie Dose gibt alles. Doch sie weiß genau, dass sie alleine gar nichts bewegen würde: »Ein Einzelner kann allenfalls anschieben und Gedanken übertragen. Man braucht viele Sympathisanten, um eine Idee erfolgreich umzusetzen.« Ihre Funktion innerhalb des Vereins umschreibt sie augenzwinkernd so: »Jeder Karpfenteich braucht einen Hecht.« Sie sieht sich lediglich als Teil des Ganzen, als das Gesicht, das man für Öffentlichkeit und Außendarstellung nun einmal benötigt. Im Alltag der Tafel aber gibt es »kein Oben und Unten«, keine Hierarchie. Die Zentrale im Hamburger Stadtteil Eimsbüttel gleicht

»Wenn du besitzt, bist du verpflichtet abzugeben«

denn auch eher einem familiären Treffpunkt. Die Helfer der Tafel, die hier mittags auf eine Erbsensuppe mit Würstchen Einkehr halten, kommen aus allen sozialen Schichten: pensionierte Lehrer, Ärzte im Ruhestand, Frührentner, Arbeitslose, dazwischen ein Gymnasiast, der zwei Wochen Praktikum absolviert – sie alle wollen Neues entdecken. Sie lernen Viertel kennen, die sie nie gesehen haben, und Menschen, denen sie nie begegnet wären. Und sie selbst sind mit ihrem Leben wieder zufrieden, denn sie haben »Sinn in den Tag gebracht«. Was Annemarie Dose von sich sagt, gilt vermutlich für alle hier: »Mir würde etwas fehlen, wenn ich das nicht gemacht hätte. Ich hätte ein graueres Leben.« Alle hier arbeiten »für Gottes Lohn«. Was sie bekommen, ist Anerkennung, Achtung, Ehrung, manchmal auch Tadel, »aber aus dem können wir nur lernen«.

Naives Weltverbesserertum ist »Ami«, wie sie von allen liebevoll genannt wird, fremd – vielleicht auch dies eine Gnade ihrer gesammelten Lebenserfahrung. »Wir können nur mildern. Ändern können wir nicht.« Aber allein das Gefühl, dass jemand da ist und sich kümmert, ist für die Menschen mehr wert als so manche Utopie. Auch das hat Annemarie Dose früh erlebt. 1948 machte sie sich aus ihrer Geburtsstadt Meißen auf in den Westen, »aus Liebeskummer«, wie sie sagt, und fand sich inmitten absoluter Verlorenheit wieder: »Ich war nur ich selbst, das war ein ganz entsetzliches Gefühl.« Bis sie in Hamburg auf der Wache an einen Polizisten geriet, der ebenfalls aus ihrer alten Heimat kam und ihr half, bei Bauern in Schleswig-Holstein Unterschlupf zu finden. »Eine Perle« habe sich dann an die andere gereiht, bis sie schließlich ihren Mann kennenlernte und »geheiratet wurde«.

Es sei schon irgendwie seltsam, meint sie nachdenklich. »In dem Moment, da man das Leben begriffen hat, sitzt man auf der Tischkante.« Annemarie Dose sitzt da schon

»Wir brauchen die Alten, sie verfügen über so viel Erfahrung«

»Mir würde etwas fehlen, wenn ich das nicht gemacht hätte. Ich hätte ein graueres Leben«

ziemlich lange. »Dass ich mit 80 noch genauso arbeite und die Jüngeren umrenne: Die Kraft ist einfach noch da. Ich bin sehr dankbar dafür.« Seit 14 Jahren arbeitet sie nun schon für die Tafel. Es sind ihre turbulentesten Lebensjahre. »Ab jetzt ist jeder Lebenstag ein Geschenk.«

Sieht sie sich als Vorbild? »Ach Gott«, winkt sie ab. »Es gibt so viele Möglichkeiten, auch als alter Mensch noch was zu tun.« Aber die Menschen wissen oft selber nicht, was in ihnen steckt. »Wir brauchen die Alten, sie verfügen über so viel Erfahrung. Wir nehmen doch niemandem die Arbeitsplätze weg.« Ihre Generation denke zuerst ans Praktische, nicht ans Geld. Gerade in Zeiten, da alle Lebensbereiche durchökonomisiert werden, steht die Hamburger Tafel auch für ein anderes Denken: dass etwas »einen absoluten Sinn« hat, ohne dass man dabei an den Profit denkt.

Im Jahr 2000 wurde Annemarie Dose in die Congregation der Alsterschleusenwärter aufgenommen. Hinter dieser Vereinigung steht die Idee, dass die Alster in die Elbe fließt, die Elbe in die Nordsee und die Nordsee sich mit den anderen Weltmeeren verbindet. Ein Schleusenwärter sorgt also dafür, dass ein Gedanke aus Hamburg in die Welt getragen wird. Wie viel der Gedanke wohl wiegt? 21 Gramm sind es bestimmt.

Die Kraft, die aus
der Neugier kommt

Elisabeth Naumann
Berlin

»Bücherschiff« wird sie liebevoll genannt, die neue Berliner Staatsbibliothek zu Berlin in der Potsdamer Straße, gegenüber der Philharmonie. Und in der Tat wirkt der in den 70er Jahren errichtete Bau des Architekten Hans Scharoun mit seinem wunderbar großzügigen, offenen Lesesaal wie eine Arche des Wissens und der Gelehrtheit. Als Elisabeth Naumann Anfang der 90er Jahre erstmals diese paradiesische Leseland-schaft betrat, war das ein bewegender Moment für sie: »Ich hatte ein richtiges Glücks-gefühl.« Solch eine Fülle an Wissen in einem Haus versammelt zu sehen, dort arbeiten und forschen zu dürfen – »ich hatte es mir erträumt, aber nie geglaubt, dass es wahr werden würde«.

Lange Zeit war Elisabeth Naumanns Leben in einer hessischen Kleinstadt von Notwendigkeiten geprägt gewesen. Nach dem Krieg wurden dringend Volksschullehrer gebraucht, für ein Studium blieb da keine Zeit. Stattdessen wurde man in Schnell-kursen auf das Nötigste vorbereitet, und der Rest war eben *learning by doing*. Sie wohnte mit ihrem Sohn bei ihren Eltern und träumte heimlich von Hörsälen und Bibliotheken. Als auch ihre Mutter verstorben war, fasste sie 1965 den Entschluss, etwas Neues zu beginnen. Sehr weit hinaus ging es zunächst nicht, kaum 50 Kilometer nach Marburg, wo Elisabeth Naumann nun Lehrer ausbildete. Sie rückte dem universitären Leben aber zumindest räumlich ein Stückchen näher. 1973, also mit 50 Jahren, gründete sie eine Wohngemeinschaft mit zwei Studentinnen, beide 20 Jahre jünger als sie. Vier Jahre später wagte das Trio gemeinsam den großen Schritt nach Berlin, wo Elisabeth Naumann Rektorin einer Gesamtschule wurde. Da war sie immerhin schon 54, und die Schüler begrüßten die Frau aus Hessen nicht gerade respekt-voll: »Was will denn die Olle hier?« Bis sie eines Tages zu hören bekam: »Ist ja gar nicht so schlecht, auch mal so eine alte Lehrerin zu haben.« Elisabeth Naumann war angekom-men: »Das hat mir sehr geholfen. Mein Alter hat danach niemanden mehr gestört.« Sie schmunzelt, und noch immer ist ihr die Freude darüber anzusehen, wie souverän sie

Elisabeth Naumann, geboren 1923 in Bad Wildungen, war Rektorin an einer Berliner Gesamtschule. Nach ihrer Pensionierung nahm sie 1989 ein Studium der Soziologie auf, das sie im Jahr 2000 mit der Promo-tion abschloss. Ihre Doktorarbeit erschien 2003 im Marburger Jonas Verlag.

»Ich wollte mich nicht verhalten wie eine ältere erfahrene Frau, die alles weiß, und das auch noch besser als alle anderen«

diese erste Begegnung mit dem Alter (oder besser: mit dem Für-alt-gehalten-Werden) gemeistert hat.

Im Wendejahr 1989 war dann endlich auch für sie die Zeit gekommen, sich ihren »Herzenswunsch« zu erfüllen. Als Gasthörerin hatte Elisabeth Naumann zwei Jahre lang an einem gerontologischen Forschungsprojekt teilgenommen. »Ich wusste also Bescheid, was mich alles so erwartet im höheren Alter.« Sie wollte aber nicht »altersgerecht«, sondern »richtig« studieren und schrieb sich deshalb an der Freien Universität Berlin für das Fach Soziologie ein. »Ursprünglich wollte ich in jungen Jahren Medizin studieren, dem Vorbild meines Vaters, der Arzt war, folgend.« Das kam nun, mit 66 Jahren, natürlich nicht in Frage, denn Elisabeth Naumann wollte mit dem Studium ja keine zweite Berufskarriere starten, sondern ihrer Freude an Bildung und Wissen Raum geben. Germanistik, Philosophie, Geschichte – das Angebot in den von Senioren üblicherweise bevorzugten Fächern überzeugte sie nicht. »Mein Schwerpunkt liegt im sozialen Engagement, und die Soziologie verbindet Geschichte und Gegenwart auf ganz konkrete Weise.«

Wichtig war ihr aber auch, als ganz normale Studentin wahrgenommen zu werden: Sie wollte bei Referaten oder Hausarbeiten keinen »Altersbonus« bekommen, sie wollte nicht, dass ihr im vollen Seminarraum ein Stuhl angeboten wurde, sie wollte bei Prüfungen nicht als »Vorzugsstudentin« behandelt und bewertet werden. Wäre es anders gewesen, hätte ihr Traum Schaden genommen. Elisabeth Naumann wollte nicht belächelt, sondern ernst genommen werden. Vielleicht hat ihr dabei geholfen, dass sie die einzige ältere Studentin in diesem Fach war. Sie stach dadurch zwar aus der Masse heraus. Aber da sie fast ihr gesamtes bisheriges Leben mit jungen Menschen zu tun gehabt hatte, war das Zusammensein mit Studenten zumindest von ihrer Seite her nichts Neues.

Hilfreich war sicherlich zudem: »Ich wollte mich nicht verhalten wie eine ältere erfahrene Frau, die alles weiß, und das auch noch besser als alle anderen. Und gegenüber den Professoren habe ich mich immer bemüht, mich so zurückzuhalten, dass ich keine Provokation darstellte.« Stattdessen zeigte sie offen ihre Neugier: auf das Fach, auf das gemeinsame Lernen mit jungen Leuten, darauf, wie es ihr ergehen würde im Schoß der Alma Mater.

Am Ende des Studiums stand dann 2000 die Promotion mit dem Titel *Kiosk. Entdeckungen an einem alltäglichen Ort. Vom Lustpavillon zum kleinen Konsumtempel.*

»Ich glaube, dass ich gerade, weil ich studiert habe und ein für mich emotional so wichtiges Ziel verfolgte, so gut mit dieser Krankheit umgehen konnte«

Die interdisziplinäre Ausrichtung ihres Themas hat sie mit Bedacht gewählt. »Da ist so ziemlich alles, was mich interessiert, hineingekommen.« Kultur- und Architekturgeschichte, Ethnologie und mediale Aspekte, dazu die »Feldforschung« am Objekt – in Elisabeth Naumanns Arbeit erhält der Leser vielfältige Informationen über diese unterschätzte Institution, die der Versorgung mit Nachrichten ebenso dient wie der Nahrungsaufnahme. Berlin war dabei natürlich ein ideales Forschungsterrain. Für die nötige Distanz zum Untersuchungsgegenstand sorgte unter anderem die Tatsache, dass es ihr, wie anderen Kindern ihrer Generation, nicht erlaubt gewesen war, auf der Straße zu essen.

2003 hat sie ihre Doktorarbeit veröffentlicht – sie musste den größten Teil der Kosten selbst tragen: »Ich hätte ja auch eine Weltreise machen können, aber dieses Projekt war wertvoller für mich.« Das Buch war außergewöhnlich erfolgreich, die erste Auflage binnen kurzem verkauft. Und ganz nebenbei hat sie damit auch einen neuen Wissenschaftszweig begründet: die »Kioskologie«.

»Nein, mein Leben hat das Studium nicht verändert, aber es hat meine Persönlichkeit weiterentwickelt, es hat mein Selbstbewusstsein und meinen Mut gefördert.« Die tiefgreifendste Erfahrung folgte jedoch erst danach, als sie mit dem Etikett »älteste Doktorandin« von den Medien wahrgenommen wurde. »Der Schritt von der Privatperson in den öffentlichen Raum machte mir am Anfang erhebliche Schwierigkeiten«, sagt Elisabeth Naumann, und man kann die schlechten Erfahrungen, die sie zum Teil mit den Medien gemacht hat, noch immer erahnen. »Ich bin eigentlich ein scheuer Mensch, aber ich habe gemerkt: Man kann das überleben.« Sogar das koreanische Fernsehen suchte sie in ihrer Wohnung auf; eine Austauschstudentin wollte in ihrer Heimat unbedingt zeigen, dass eine Frau mit 80 Jahren noch etwas leisten kann. Deutsche Senioren als Vorbild für Asien – wer hätte das gedacht.

Wenn es so etwas wie ein Kraftzentrum für Elisabeth Naumann gibt, dann ist es die Wohn-, Arbeits- und Lebensgemeinschaft, die sie seit 35 Jahren mit ihren beiden jüngeren Freundinnen bildet. Die Herausforderung und die Motivation zu Veränderung, Lernen und Bewegung, das ist es, was diese »Neugier-WG« auszeichnet. Gegenseitige Anregung und Ermunterung, Mithalten mit den Jüngeren, Unterstützung im Alltag – für Elisabeth Naumann gibt es keine Alternative zu dieser Lebensform. Beeindruckend ist dabei nicht nur die Dauerhaftigkeit dieses Modells, sondern auch der Mut, mit dem

»Ich hätte ja auch eine Weltreise machen können, aber dieses Projekt war wertvoller für mich«

»Nein, mein Leben hat das Studium nicht verändert, aber es hat meine Persönlichkeit weiterentwickelt, es hat mein Selbstbewusstsein und meinen Mut gefördert«

die drei Frauen sich immer wieder auf Neues, Unbekanntes einlassen. So kehrten sie vor einiger Zeit gemeinsam Berlin den Rücken und zogen in den Süden der Republik um, ins Allgäu. »Wir lebten wie in einer Postkarte, dort, wo andere Ferien machen. Es war eine interessante Erfahrung, aber trotzdem sind wir gerne wieder nach Berlin zurückgekehrt.«

Viel Halt und manchmal unerlässlichen Zuspruch geben die beiden Freundinnen – auch, als bei Elisabeth Naumann während des Studiums Hautkrebs diagnostiziert wurde. Fünfmal musste sie operiert werden, aber die Krankheit gewann schlussendlich nicht die Übermacht: »Ich glaube, dass ich gerade, weil ich studiert habe und ein für mich emotional so wichtiges Ziel verfolgte, so gut mit dieser Krankheit umgehen konnte.« Zwei Wochen nach Abschluss der Promotion musste sie sich noch einmal einer Chemotherapie unterziehen, dann war sie genesen. »Diese Erfahrung hat mir sehr geholfen, mir neue Bewältigungsstrategien für ein neues Alter zu erschließen.« Ein schönes lateinisches Sprichwort lautet: *labor omnia vincit* – die Arbeit besiegt alles. Im Falle von Elisabeth Naumann war es die Wissenschaft, die Schwester der Arbeit, die alles überwunden hat. Sogar den Krebs.

Überblick

Christa Höhs
München

Cornelius Weiss
Leipzig

Ingrid Noll
Weinheim

Ursula Werner
Berlin

Lieselotte Thomas
Ingolstadt

Gerhard Görlitz
Arnstadt

Mistress Petra
Heilbronn

**Joachim und
Ulrike Schnell**
Melsungen

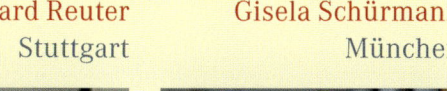

Edzard Reuter
Stuttgart

Gisela Schürmann
München

Ingeborg Mootz
Gießen

Dankmar Scheuchl
Isen

Giuseppina Ehmann
Heidelberg

Manfred Schnelldorfer
München

Annemarie Dose
Hamburg

Elisabeth Naumann
Berlin

Bibliografische Information Der Deutschen Nationalbibliothek
Die Deutsche Nationalbibliothek verzeichnet diese Publikation in der
Deutschen Nationalbibliografie; detaillierte bibliografische Daten
sind im Internet unter http://dnb.d-nb.de abrufbar.

Deutsche Originalausgabe
Copyright © 2009 von dem Knesebeck GmbH & Co. Verlag KG, München
Ein Unternehmen der La Martinière Groupe

Umschlaggestaltung: Knesebeck Verlag – Fabian Arnet
Gestaltung: Knesebeck Verlag – Leonore Höfer
Satz: satz & repro Grieb, München
Lithografie: Reproline Genceller, München
Druck: Uhl, Radolfzell
Printed in Germany

ISBN 978-3-86873-035-7

www.knesebeck-verlag.de